무신론자를 위한 종교

# 무신론자를 위한 종교

알랭 드 보통

박중서 옮김

청미래

RELIGION FOR ATHEISTS : A non-believer's guide to
the uses of religion

by Alain de Botton

역자 **박중서**
출판기획가 및 번역가로 활동 중이다. 번역서로는 「약소국 그랜드 펜윅의 뉴
욕 침공기」, 「해바라기」, 「인간의 본성에 관한 10가지 이론」, 「젠틀 매드니스」
(공역), 「슈퍼내추럴 : 고대의 현자를 찾아서」, 「소방관 도니가 10년 만에 깨어
난 날」, 「거의 모든 스파이의 역사」, 「런던 자연사 박물관」, 「프루스트가 우리
의 삶을 바꾸는 방법들」, 「나무가 숲으로 가는 길」, 「거의 모든 사생활의 역
사」, 「모국어(근간 예정)」 등이 있다.

## 무신론자를 위한 종교

저자 / 알랭 드 보통
역자 / 박중서
발행처 / 도서출판 청미래
발행인 / 김실
주소 / 서울시 종로구 행촌동 27-5
전화 / 02 · 739 · 1661
팩시밀리 / 02 · 723 · 4591
홈페이지 / www.cheongmirae.co.kr
전자우편 / cheongmirae@hotmail.com
등록번호 / 1-2623
등록일 / 2000. 1. 18
초판 1쇄 발행일 / 2011. 9. 26.

값 / 뒤표지에 쓰여 있음

ISBN 978-89-86836-43-1 03840

버사 폰 뷔렌에게

# 차례

I

교려가 없는 지혜

매우 괜찮은 사람일지도 모른다. 몬테풀차아노의 성 아그네스.

1.

우리가 어떤 종교를 향해서 던질 수 있는 질문들 중에서 가장 따분하고 비생산적인 것은 과연 그 종교가 '진실한 것'이냐 아니냐 하는 질문이다. 여기에서 말하는 '진실'이란 그 종교가 나팔 소리와 함께 하늘에서 내려왔으며, 예언자와 천인(天人)에 의해서 초자연적으로 지배되느냐는 것이다.

어쩌면 이 책의 도입부에서부터 너무 일찍 독자를 잃어버릴지도 모르지만, 시간을 절약하기 위해서 나는 다음과 같이 솔직하게 말해보겠다. 하늘로부터 부여받았다는 의미에서 진실한 종교는 물론 하나도 없다고 말이다. 이 책은 기적, 영(靈), 또는 불타는 덤불 같은 이야기를 믿을 수 없어 하는 사람들을 위한 것이다. 그리고 13세기의 성인인 몬테풀치아노의 성 아그네스 같은 범상치 않은 남녀의 위업에 관해서 깊은 관심을 보이지 않는 사람들을 위한 것이다. 전설에 따르면 그녀는 기도하는 동안 땅에서 2피트나 위로 떠오를 수도 있었으며, 죽은 아이들을 되살릴 수도 있었다고 한다. 말년에 가서는 토스카나 남부 지방에서 천사의 등을 타고 하늘나라로 올라갔다는 전설이 전해져오기도 한다.


2.

하느님의 비(非)존재를 증명하려는 시도는 무신론자에게는 일종의 오락이 될 수도 있다. 냉정한 종교 비판자들은 신자들의 아둔함을 가차 없이 속속들이 이 세상에 드러내는 일에서 상당한 기쁨을 발견하며, 자신의 적이야말로 철저한 바보이거나 광인이라는 사실을 충분히 보여주었다는 생각이 들어야만 비로소 공격을 멈춘다.

이런 과제가 나름의 만족감을 주는 것은 사실이지만, 진정한 이슈는 하느님이 존재하느냐 않느냐 여부가 아니라, 만약 하느님이 분명히 존재하지 않는다고 결론을 내린 사람이라면 이런 논의를 어디로 끌고 가느냐 하는 것이다. 우리가 한편으로는 계속해서 철저한 무신론자로 남아 있으면서도, 또 한편으로는 종교가 유용하고, 흥미롭고, 위안이 된다는 사실을 때때로 발견할 수 있다는 것이 바로 이 책의 전제이다. 또한 종교의 관념과 실천 가운데 일부를 세속적인 영역으로 가져올 수 있는 가능성 역시 분명히 흥미롭다는 것이다.

우리는 한편으로 기독교의 삼위일체설(Trinity)이나 불교의 팔정도(八正道) 같은 교리에 냉담하면서도, 또 한편으로 여러 종교가 설교를 행하고, 도덕을 장려하고, 공동체 정신을 일으키고, 미술과 건축을 선용하고, 여행에 영감을 주고, 정신을 훈련시키고, 봄의 아름다움에 감사하는 일에 관심을 가질 수 있다. 종교와 세속 모두에서 갖가지 근본주의자들이 출몰하는 세계에서 살아가지만, 우리는 종교적 믿음에 대한 반대와 종교적 의식(儀式) 및 개념에 대한 선별적인 경의 사이에서 일종의 균형을 분명히 잡을 수 있을 것이다.

종교란 하늘나라에서 인간에게 내려준 것이거나, 아니면 완전히 엉터리에 불과한 것이라는 이분법적 사고방식을 우리가 버리게 될 때, 문제는 더욱 흥미로워질 수 있다. 그때가 되면 우리는 종교가 우리의 발명품이라는 것을, 그리고 이 발명품은 오늘날까지 지속되는 두 가지 필요성—그러나 세속 사회에서는 어떤 특별한 기술로도 해결할 수 없었던 두 가지 필요성—을 충족시키기 위해서 생겼다는 것을 깨달을 수 있으리라. 첫째는 몸속에 깊이 뿌리박힌 이기적이고 폭력적인 충동에도 불구하고, 우리가 함께 살아야 한다는 필요성이다. 둘째는 직업상의 실패, 꼬인 인간관계, 가족의 죽음, 자신의 노화와 사망 등에 대한 우리의 나약함에서 비롯되는 끔찍스러운 고통에 대처해야 할 필요성이다. 하느님은 정말 죽었을지도 모른다. 하지만 우리가 하느님을 만들어낼 수밖에 없었던 이유인 여러 가지 급박한 이슈들은 여전히 우리에게 해결책을 촉구하고 요구한다. 마태복음 제14장의 빵 다섯 개와 물고기 두 마리 이야기가 과학적으로는 진실이 아니라는 것을 누군가가 우리에게 넌지시 암시해 줄 경우에도 사라져버리지 않을 어떤 해결책을 말이다.

현대 무신론의 오류는 어떤 신앙의 핵심 교의가 더 이상 유효하지 않더라도 여전히 타당성을 지니는 신앙의 측면들이 무척 많다는 점을 간과한 데에 있다. 우리가 종교에 굴복할 수밖에 없거나 그렇지 않으면 종교를 모독하거나 둘 중 하나라는 생각을 일단 버리고 나면, 우리는 종교라는 것이 갖가지 정교한 개념들의 저장고임을 얼마든지 발견할 수 있을 것이다. 그리고 우리는 세속적 생활의 가장 끈질기고도 대책이 없는 질환들 가운데 몇 가지를 완화시키는 일에서 그 개념들을 적용할 수 있을 것이다.


3.
나는 철저하게 무신론적인 가정에서 자랐다. 부모님 모두 세속적인 유대인이셨고, 신앙이란 대체로 산타클로스에게 따라붙는 그 무엇 정도라고만 생각하셨다. 언젠가 아버지 때문에 누이동생이 결국 울음을 터트렸던 적도 있었다. 지구를 떠난 신이 우주의 어딘가에 거주하고 있을지도 모른다는 여동생의 단순한 생각을 아버지가 몰아내려고 하다가 벌어진 일이었다. 당시 누이의 나이는 겨우 여덟 살이었다. 자신들의 사교 서클 속에 있는 사람들 중 누군가가 은밀한 종교적 감상을 품고 있었던 것이 발견될 경우, 부모님은 마치 퇴행성 질환 진단을 받은 사람들을 바라보는 듯한 측은한 눈으로 그들을 바라보곤 했다. 그리고 그 이후로는 결코 그들을 다시 진지하게 대하지 않았다.

비록 부모님의 태도에 의해서 강하게 좌우되었지만, 20대 중반에 나는 신앙 문제로 위기를 겪었다. 나의 의구심은 바흐의 칸타타를 들으면서부터 비롯되었으며, 조반니 벨리니(1430?~1516, 베네치아 화파를 창시한 화가/역주)의 성모 그림을 보면서 더욱 발전했고, 선(禪) 건축에 입문하면서 점점 더 압도적이 되었다. 그러다가 몇 년 전에 아버지가 돌아가시자—당신은 런던 북서부 윌스든 소재 유대인 묘지의 히브리어 비석 아래 누우셨는데, 어째서인지 이보다 더 세속적인 장례 준비까지는 미처 직접 하지 못하신 까닭이었다—나는 비로소 어린 시절에 주입된 교조주의적 원칙에 관한 나의 모호한 감정을 직시하기 시작했다.

하느님이 존재하지 않는다는 나의 확신만큼은 일생 동안 결코 흔들린 적이 없었다. 그리고 나는 그 초자연적인 내용에 반드시 굴복하지 않고서도 종교와 관계하는 방법이 있을지도 모른다는 생각으로 인해서 단순히 해방감을 느낄 수 있었다. 보다 추상적으로 설명하면, 아버지에 관한 애틋한 추억을 굳이 망치는 일이 없이도 교부들에 관해서 생각할 수 있는 방법이 있을지도 모른다는 것이었다. 가령 내세나 천국의 거주민에 관한 이론에 대해서 내가 지속적인 저항감을 느꼈던 것은 사실이지만, 그렇다고 해서 반드시 여러 신앙들의 음악, 건물, 기도, 의식, 축제, 성묘, 순례, 공동 식사, 채색 필사본을 거부할 필요까지는 없음을 깨닫게 된 것이었다.

신앙인들의 여러 가지 관습과 테마를 상실함으로써, 세속 사회는 불공평하게도 너무 빈곤해지고 말았다. 무신론자의 입장에서는 그런 관습이며 테마와의 공존은 결코 불가능하다고 흔히 생각한다. 니체의 유용한 한마디를 인용하면, 그런 것들은 "종교의 악취"를 연상시키기 때문이다. 우리는 '도덕(道德)'이라는 단어를 점차 두려워하게 되었고, 설교를 듣는다는 생각만 해도 격분한다. 우리는 예술이 무엇인가를 고양시킨다는, 또는 윤리적인 임무를 가져야 한다는 생각으로부터 벗어났다. 우리는 순례를 떠나지 않는다. 그리고 신전을 지을 수도 없다. 우리는 감사함을 표현하는 메커니즘을 가지지 못했다. 고상한 사람에게는 자기계발 서적을 읽는다는 생각조차도 터무니없는 것이 되고 말았다. 우리는 정신 훈련에 저항한다. 낯선 사람들끼리 함께 노래하는 경우는 거의 드물다. 우리는 가령 비물질적인 신에 관한 기묘한 개념에 몰두하느냐, 아니면 우리에게 위안이 되거나 미묘하거나 단순히 매력적인 의식들―우리는 세속 사회에서 이에 상응하는 것들을 찾기 위해서 분투한다―을 그냥 포기하느냐 사이에서 불유쾌한 선택을 강요받는다.

이처럼 너무 많은 것을 포기함으로써, 우리는 본래 온 인류의 소유라고 해야 할 어떤 것, 그리고 우리가 세속적 영역에서 다시 이용한다고 해서 굳이 부끄러움을 느낄 필요는 없는 어떤 것을 종교가 자신의 독점적인 경험의 영역이라고 주장하도록 허락해 온 셈이 되었다. 초기 기독교만 해도 다른 종교의 좋은 아이디어를 다시 이용하는 데에는 상당한 실력을 발휘했다. 즉 기독교는 수없이 많은 이교적 관습을 적극적으로 받아들였기 때문에, 심지어 현대의 무신론자조차도 그런 관습이 애초부터 기독교적인 것이었다고 잘못 생각하고 기피하는 경향이 있을 정도이다. 예를 들면 당시에는 새로운 신앙이었던 기독교는 한겨울의 축제를 받아들여서 크리스마스로 재포장했다. 또 철학적 공동체에서 함께 살아가는 것에 관한 에피쿠로스주의(개인적, 감정적 쾌락의 추구를 이상으로 한다/역주)의 이상을 흡수하여 오늘날 수도원주의로 알려진 것으로 바꿔놓았다. 폐허로 변한 옛 로마 제국의 여러 도시에서는 한때 이교의 영웅과 테마에 바쳐졌던 신전의 빈 껍질 속으로 기독교가 재빠르게 들어갔다.

무신론자가 직면하게 된 도전이란, 어떻게 하면 종교적 식민화의 과정을 역전시킬 수 있느냐는 것이다. 어떻게 하면 종교의 관념과 의식을 종교 제도―비록 이들 제도에서는 종교의 관념과 의식을 자기들의 소유라고 주장더라도, 실제로는 소유하지 못하고 있다―로부터 분리시킬 수 있느냐는 것이다. 예를 들면 크리스마스의 가장 훌륭한 요소들 가운데 상당수는 정작 그리스도의 탄생 이야기와는 아무런 관계가 없다. 즉 크리스마스는 공동체와 축제와 갱생이라는 테마와 관계가 있는데, 이런 테마는 기독교의 영향을 받았던 이전의 몇 세기보다도 훨씬 더 옛날부터 존재했던 것이다(크리스마스는 336년경 로마에서 시작되었다고 한다/역주). 우리의 영혼과 관련된 필요성조차도 일찍이 종교 비롯된 특정한 색조로부터 벗어날 채비가 되어 있었다.

종교는 원래 자기 것이 아닌 것도 무작정 점거하려는 묘한 습관이 있다. 17세기에 건축한, 로마의 미란다에 소재한 산 로렌초 교회의 경우도 마찬가지이다. 원래 이 부지는 안토니누스 피우스 황제와 파우스티나 황후를 위한 로마 시대의 신전의 일부였다.

이제부터 우리는 여러 신앙들을 독해하려고 시도할 것이다. 주로 기독교를 독해할 것이며, 비록 그보다는 덜하지만 유대교와 불교도 독해할 것이다. 혹시 그런 과정을 거치는 동안, 세속적 삶 속에서도 수용 가능한, 특히 공동체의 도전과 관련된, 그리고 정신적이고 신체적인 고통의 도전과 관련된 통찰을 찾아볼 수 있을지도 모르기 때문이다. 우리의 근본적인 논제는 세속주의가 잘못되었다는 것이 아니다. 다만 우리가 지나치게 세속화되는 경우가 너무 많다는 것뿐이다. 실현할 수 없는 관념들을 벗어던지는 과정에서, 우리는 신앙에서도 가장 유용하고 매력적인 몇 가지 부분조차도 그만 포기해버리는 불필요한 실수를 저질렀던 것이다.

4.

이 책에서 펼쳐지는 전략의 윤곽을 살펴보면, 논의의 양쪽 진영 가운데 어느 한쪽을 편드는 사람은 누구나 못마땅하게 여길 만한 것이다. 종교 지지자들이라면 자신들의 신조를 향한 이처럼 세련되지 못하고 선별적이고 체계적이지도 못한 고려를 일종의 모욕으로 간주할지도 모른다. 종교란 뷔페가 아니라고, 즉 누구나 자기 마음대로 가장 좋아하는 것들만을 고를 수는 없는 것이라고 항의할지 모른다. 그러나 상당수의 신앙이 몰락한 원인을 살펴보면, 그 신봉자가 접시에 담긴 음식을 모조리 먹어야만 한다는 비합리적인 고집인 경우가 흔하다. 어째서 한편으로는 조토(1266?–1337 : 피렌체 화파를 창시하여 르네상스의 문을 연 이탈리아의 화가 및 건축가/역주)의 프레스코 화에 나타난 겸손의 묘사를 감상하는 동시에, 또 한편으로는 수태고지(受胎告知)의 교리를 건너뛰어서는 안 되는 것일까? 어째서 한편으로는 자비에 관한 불교의 강조를 존중하면서도, 또 한편으로는 내세에 관한 불교의 이론을 멀리해서는 안 되는 것일까? 종교를 믿지 않은 사람이 여러 개의 신앙들에서 이런저런 요소를 차용하는 것이야말로, 예를 들면 문학 애호가가 수많은 고전들 중에서 자기가 특히 좋아하는 작가 몇 명을 골라내는 것과 마찬가지로 결코 범죄가 아니다. 이 책에서는 세계에서 가장 규모가 큰 21개 종교 가운데 겨우 3개만을 언급하겠지만, 그렇다고 해서 이것이 어떤 편애나 성마름을 상징하는 것까지는 아니다. 이것은 다만 이 책에서 강조하는 것이 여러 종교들을 서로 비교하는 것이 아니라, 오히려 종교 전반과 세속적 영역을 비교하는 것임을 보여주려는 방법에서 나온 결과일 뿐이다.

호전적인 무신론자의 경우, 종교를 마치 우리의 갈망에 대한 지속적인 시금석으로 간주하는 이 책의 시도에 격분할지도 모르겠다. 그런 사람들은 한편으로는 여러 종교의 극단적이고 제도적인 불관용을 지적하고, 또 한편으로는 예술과 과학을 통해서 얻을 수 있는 수많은 위안과 통찰 역시 종교에 못지않게 풍부하다는 것을—뿐만 아니라 더욱 논리적이고 더욱 자유롭다는 것을—지적할 것이다. 어쩌면 그들은 이렇게 덧붙여 물어볼지도 모른다. 종교의 수많은 측면을 받아들일 수 없다고 토로하는 사람들이, 즉 동정녀의 수태설에 동의할 수도 없고, 붓다는 토끼의 환생이라는 자타카[本生經]의 한 대목을 듣고 경건하게 고개를 끄떡일 수도 없는 사람들이 종교와 같은 화해적인 주제와 왜 자신을 연결시키려고 하는가?

이에 대해서는 이런 답변이 가능하리라. 종교가 우리의 관심의 대상이 될 만한 가치를 분명히 가진 까닭은 그 순수한 개념적 야심 때문이라고, 또한 세속적 제도로서는 시도한 적이 없던 방식으로 세계를 변화시켰기 때문이라고 말이다. 종교는 윤리학과 형이상학에 관한 이론에다가 교육, 패션, 정치, 여행, 숙박업, 입문 의례, 출판, 미술, 건축 분야—이런 관심 폭만 보아도 역사상 가장 위대하고 가장 영향력이 있었던 세속적 운동이나 개인의 성취 범위조차도 무색하게 만들 것이다—에서의 실제적 관여를 조합시켰다. 관념의 전파와 영향력에 관심을 둔 사람이라면, 이제껏 지구상에서 목격된 교육적, 지적 운동 중에서도 가장 성공적이었던 사례를 보면서 매료되지 않을 수 없다.

5.

결론적으로 말해서, 이 책은 몇 가지 특정 종교를 정당화하려고 시도하지는 않을 것이다. 종교에는 저마다의 옹호자가 있기 때문이다. 대신 이 책은 세속 사회의 여러 문제들에 적용되더라도 효과를 거둘 수 있는 개념들을 포함하고 있는 종교 생활의 여러 측면을 검토하려고 한다. 이 책은 종교에서 보다 독단적인 측면을 제거함으로써, 골치 아픈 이 행성에서의 우리의 유한한 생애 동안에 가뜩이나 회의적인 현대인이 마주쳐야 하는 재난과 슬픔에 대한 시의적절하고 위안이 되는 몇 가지 측면을 찾아내려고 한다. 이 책은 이제 더 이상은 진짜가 아닌 것처럼 보이는 모든 것들로부터 여전히 아름답고 감동적이고 현명한 것들을 구출할 수 있기를 희망하고 있다.

# II

공동체

# i. 낯선 사람 만나기

1.

현대 사회의 여러 가지 상실들 중에서도 우리가 가장 통렬하게 느끼는 것은 바로 공동체 정신의 상실이다. 우리는 종종 이렇게 상상하는 경향이 있다. 즉 예전에만 해도 이웃의 정(情)이란 것이 어느 정도 있었지만, 나중에는 무자비한 익명성(匿名性)이 그 자리를 대신하게 되었다는 것이다. 여기에서 말하는 무자비한 익명성이란, 제한적이고 개인적인 목적, 즉 경제적 이익이나, 사회적 상승이나, 또는 낭만적 사랑이라는 목적을 위해서 사람들이 서로 접촉하는 상태를 말한다.

공동체에 관해서 우리가 품는 향수들 중에서 일부는 곤경에 빠진 사람에게 선뜻 도움을 주지 못하는 우리의 거리낌에서 연유한다. 하지만 우리가 흔히 걱정하는 사회적 격리의 증상들은 오히려 사소한 것들에 불과하다. 예를 들면 거리에서 마주친 누군가에게 인사를 건네지 못하는 것, 또는 무거운 짐을 들고 쇼핑에서 돌아오는 나이 지긋한 이웃을 도와주지 못하는 것 등이다. 거대한 도시에서 살아가는 우리는 교육이나 계층이나 직업에 근거한 일종의 부족적 게토에 갇혀 있게 마련이며, 그 외의 나머지 사람은 일종의 적으로 간주하는 경향이 있다. 그들 역시 우리가 선뜻 함께 어울리고 싶은, 공감이 가능한 집단이라고 간주하지 못하고 있다. 공공장소에서 내가 모르는 사람과 즉흥적인 대화를 시작한다는 것은 특이하고도 유별난 일일 수 있다. 일단 나이 서른을 넘기고 나면, 우리에게는 새로운

친구를 사귄다는 것조차도 놀라운 일이 된다.

우리의 공동체 정신을 훼손시키는 원인이 무엇인지를 이해하려고 할 경우, 19세기에 유럽과 미국에서 발생한 종교적 믿음의 개인화가 중요한 역할을 했다는 전통적인 설명을 듣게 된다. 역사가들은 우리가 주위의 이웃들을 무시하기 시작한 바로 그 시기에, 우리가 공동으로 우리의 신들을 향해서 예배하지 않게 되었다고 주장한다. 이런 주장을 듣고 보면 문득 다음과 같은 의문이 떠오른다. 그렇다면 그 시기 이전에는 종교가 공동체 정신을 드높이는 데에 과연 어떤 역할을 했을까? 그리고 보다 현실적인 의문도 떠오른다. 한때 공동체 정신과 밀접히 연관되어 있었던 신학적 상부구조에 굳이 의지하지 않은 상태에서도 세속 사회가 과연 이런 정신을 회복할 수 있었을까? 굳이 종교적 근거에 의존하지 않은 상태에서도 공동체 정신을 되찾는 것이 과연 가능했을까?


2.

현대 사회의 소외(疏外)에 관한 원인들을 더 자세히 검토하면, 고독에 관한 우리의 감각 가운데 일부는 단순히 숫자 때문일 수 있다. 지구 위에서 살아가는 사람이 수십억 명에 달하다 보니, 인구가 더 적었던 시절에 비해서 지금은 낯선 사람에게 말을 거는 행위가 더욱 위험한 일이 되었다고 생각한다. 왜냐하면 사교성은 인구 밀도와는 오히려 역비례 관계에 있는 듯하기 때문이다. 일반적으로 우리가 사람들에게 기꺼이 말을 거는 것은, 우리가 그들을 완전히 외면할 수 있는 선택의 여지를 지녔을 때이다. 천막 주위로는 100킬로미터 이상의 드넓은 사막만이 펼쳐져 있는 베두인 부족은 낯선 사람에게도 따뜻한 환영을 베푸는 심리적 여유가 있다. 반면 도시에 사는 그의 동시대인들은 비록 내적으로는 선의와 관용의 소유자라고 하더라도, 막상 자기 주위 몇 미터 떨어지지 않은 곳에서 먹고, 자고, 말다툼하고, 성행위하는 수백만 명의 다른 인간의 존재를 하다못해 인식했다는 티조차 결코 내지 말아야 할 것이다. 그래야만 자신의 내적 평온을 조금이나마 지킬 수 있기 때문이다.

그뿐만이 아니라 우리가 누군가에게 소개될 때의 문제도 있다. 우리가 흔히 다른 사람과 만나는 공공장소, 곧 통근 열차, 인파로 붐비는 거리, 공항의 대합실 등은 우리의 정체성(正體性)을 숨기고 우리의 겉모습만을 드러낼 수밖에 없도록 만들어진 곳이다. 따라서 이런 장소에 있으면, 사람들은 본질적으로 저마다 복잡하고도 귀중한 개성의 소유자라는 사실을 기억하는 우리의 능력에 그만 문제가 생긴다. 가령 옥스퍼드 스트리트를 따라 걸어갔거나, 또는 오헤어 국제공항에서 비행기를 갈아 탔거나 하는 경험이 있는 사람이라면, 인간 본성에 관해서 긍정적인 생각을 유지하기가 힘들 것이다.

어떤 면에서 우리는 예전보다도 이웃과 더 많이 연계된 느낌을 가지기도 하는데, 왜냐하면 그들은 종종 우리의 동료이기도 하기 때문이다. 집이라고 해서 항상 늦게 돌아와서 일찍 나가는 익명의 기숙사인 것만은 아니다. 시골에서 이웃끼리 더 친숙한 것은 그들이 익숙한 대화 상대이기 때문이라기보다는, 오히려 건초를 베어들이거나 학교 지붕을 얹는 등의 공동 작업을 하기 때문이다. 이런 작업들은 서로의 연계를 튼튼하게 하는 데에 내밀하고도 자연스러운 도움을 준다. 하지만 자본주의는 이런 지역 생산과 가내 산업에 대해서 인내심을 발휘하지 못한다. 자본주의는 오히려 우리가 이웃과 아무런 접촉도 하지 않는 쪽을 더 좋아할지 모른다. 혹시 이웃 때문에 우리가 사무실에 출근하는 시간이 늦어질 수도 있고, 또는 온라인으로 어떤 물건을 사려다가 단념하는 경우가 있을 수도 있기 때문이다.

과거에 우리가 서로를 알고 지냈던 까닭은 종종 그들에게 도움을 요청하고, 그 대가로 우리 역시 그들로부터 도움을 요청받을 수밖에 없었기 때문이다. 근대 이전의 삶에서 자선은 그야말로 필수적이었다. 그때는 예를 들면 낯선 사람이나 다름없는 누군가에게서 돈을 빌린다든지, 또는 떠돌이 거지에게 적선을 하는 등의 순간들을 회피하기란 불가능했다. 왜냐하면 보건 의료 체계, 실업 보험, 공공 주택 정책, 소비자 조합 같은 것이 전혀 없었던 세계였기 때문이다. 만약 병들고, 허약하고, 정신적인 장애가 있는 사람이나 노숙을 하는 사람이 거리에서 도움을 청할 경우, 지금처럼 행인들이 외면하면서 정부 기관에서 이 문제를 알아서 처리하겠거니 생각하고 넘어가지는 않았을 것이다.

순수하게 경제적인 시각에서 보면, 우리는 윗대의 선조들보다 훨씬 더 너그럽다고도 할 수 있으니, 자기 수입의 최대 절반까지를 공동선을 위해서 내놓는 사람도 있기 때문이다. 그러나 우리는 미처 그런 사실을 알지도 못한 상태에서, 조세 제도라는 익명의 대리 제도를 통해서 돈을 내놓는 것이다. 혹시 우리가 이 문제에 대해서 생각한 경우가 있더라도, 그것은 우리가 낸 세금이 불필요한 정부 기관을 유지하기 위해서 또는 미사일을 사기 위해서 전용된다는 사실에 분개하는 경우일 가능성이 크다. 우리는 이 민주주의 체제에 속한 사람들 중에서 보다 운이 좋지 못한 구성원들과의 연계를 거의 느끼지 못한다. 실제로는 우리가 낸 세금 덕분에 그들이 깨끗한 침대보, 수프, 쉼터, 또는 하루치 인슐린을 구입할 수 있음에도 불구하고 말이다. 시혜자나 수혜자나 모두 "부탁합니다"라거나, "고맙습니다"라는 말을 해야 할 필요성을 굳이 느끼지 못한다. 우리의 기부는 상호 의존적인 관계의 복잡다단한 뒤얽힘에서 일종의 생혈(生血)로 여겨지지는 않으며, 수혜자에게는 실질적인 혜택을 주고 시혜자에게는 영적 혜택을 주는 것으로 여겨지지도 않는다. 기독교 시대에 그렇게 여겨졌던 것과는 전혀 딴판인 것이다.

각자의 고치 속에 갇힌 우리가 다른 사람들에 관해서 상상하는 주된 수단으로 미디어가 점차 각광을 받게 되었으며, 그 결과 우리는 낯선 사람들을 흔히 살인자나 사기꾼이나 유아 성애자라고 자연스레 생각하게 되었다. 이런 생각은 기존의 가족이나 계층의 네트워크에 의해서 검증된 소수의 개인들만을 믿어야 한다는 우리의 충동을 더욱 강하게 만들었다. 우리가 어떤 상황(예를 들면 폭설이나 낙뢰로 인한 사고) 때문에 불가피하게 각자의 밀폐된 고치 밖으로 나와서 전혀 알지도 못하는 사람들 한가운데에 설 경우, 우리는 십중팔구 깜짝 놀라게 된다. 알고 보니 우리의 동료 시민들은 우리를 토막 쳐서 죽인다든지 우리 아이들을 괴롭힌다든지 하는 일에는 놀랄 만큼 관심이 없는 사람들이기 때문이며, 더욱 놀라운 것은 그들이 성격이 좋고 적극적으로 우리를 도우려고 하는 사람들이기 때문이다.

물론 우리는 고독해질 수도 있지만, 그렇다고 해서 관계 형성에 대한 희망을 모두 버릴 수는 없다. 현대의 도시라는 외로운 협곡 속에서는 사랑보다 더 드높은 감정은 없을 것이다. 그러나 그것은 종교가 이야기하는 사랑도 아니고, 그렇다고 넓고도 보편적인 인류의 형제애도 아니다. 오히려 질투심 많고, 협소하고, 궁극적으로는 더 저열한 종류의 사랑이다. 이것은 낭만적인 사랑이며, 따라서 우리는 어떤 한 사람을 찾아내기 위해서 거의 광적이라고 할 만한 탐색에 나선다. 평생 동안 지속되는 완벽한 친교를 서로 성취할 수 있는 한 사람, 그리고 우리가 다른 사람들을 만나야 할 필요성을 느끼지 않도록 해줄 특별한 한 사람을 찾아내기 위해서.

현대 사회에서 어떤 공동체에 들어가는 방법의 핵심에는 각자의 일에서의 성공에 대한 찬양이 놓여 있다. 어떤 파티에서 맨 처음 받는 질문이 "무슨 일을 하십니까?"일 때에, 우리는 그 공동체의 출입문에 맞닥뜨렸음을 직감한다. 즉 이 질문을 받고 우리가 내놓는 답변에 따라서, 우리가 저 하찮은 작자들로부터 따뜻한 환영을 받을지, 아니면 결정적으로 버림을 받을지가 좌우되기 때문이다. 이처럼 경쟁적이고 사이비 공동체적인 모임에서는 우리의 속성들 중에서 겨우 몇 가지만 유효한 화폐가, 즉 낯선 사람의 호의를 구입할 수 있는 수단이 될 것이다. 우리의 명함에 무엇이라고 적혀 있는지가 무엇보다도 중요한 것이다. 평생 아이를 키운, 시를 쓴, 또는 과수원을 경영한 사람들이 있다면, 그들은 더욱 강력한 지배적 다수와는 반대되는 삶을 산 것으로 간주되어 과소평가되더라도 어쩔 수 없다고 생각할 것이다.

이와 같은 수준의 차별을 고려해볼 때, 우리 중 상당수가 자기 일에 극단적으로 몰두하는 길을 선택한다는 사실은 그리

우리는 다른 사람을 만나야 할 필요성을 모두 면제해줄 특별한 한 사람을 만나려고 하는 꿈을 꾼다.

놀라울 것이 없다. 다른 것은 거의 모두 버리면서까지 자기 일에 집중하는 것이야말로 상당히 그럴듯한 전략처럼 보인다. 왜냐하면 지금의 세계는 일터에서의 성취가 곧 물리적 생존을 위한 경제적 수단을 확보하고, 나아가서 정신적 번영을 위해서 필수적인 타인의 관심을 확보한다고도 생각하기 때문이다.


3.

종교는 우리의 고독에 관해서 상당히 잘 알고 있다. 비록 내세라든지 그 교리의 초자연적 기원에 관해서 종교에서 하는 말을 우리가 거의 믿지 않는다고 하더라도, 우리는 우리 자신과 낯선 사람을 구별하는 요소에 관한 종교의 이해를, 그리고 평소에는 우리가 다른 사람들과 연계를 형성하지 못하도록 방해하는 한두 가지 편견을 녹여 없애려는 종교의 노력을 존중한다.

물론 가톨릭 미사의 경우에는 무신론자를 위한 이상적인 환경이 되지 못한다. 거기에 나오는 예식문은 십중팔구 우리의 이성에 지나치게 거슬리거나, 또는 한마디로 이해가 불가능하기 때문이다. 게다가 미사 시간이 워낙 길기 때문에 중간에 졸고 싶은 유혹을 이기기가 쉽지 않다. 그럼에도 불구하고 그 예식 자체에는 교인들 사이에 애정의 유대를 미묘하게나마 강화시켜주는 요소들이 가득하다. 따라서 비록 무신론자라고 하더라도 선뜻 그 예식을 공부하고, 때로는 그 예식이 세속 영역에서 다시 사용하기에도 적절하다는 사실을 깨닫게 되는 것이다.

가톨릭은 우선 장소를 이용해서 공동체 정신을 만드는 것으로 시작한다. 이 장소는 비록 지상의 한 부분에 불과하지만, 그

주위에 울타리를 두르고 나서, 이제 그 안에서 통용되는 가치는 그 바깥의 세상에서—예를 들면 사무실이나 체육관이나 주택의 거실에서—통용되는 가치와는 전적으로 다르다고 선언한다. 모든 건물은 그곳을 찾는 방문객의 기대를 재설정하고, 그 각각의 건물 특유의 행동 규범을 부과할 수 있는 기회를 그 소유주에게 제공한다. 예를 들면 미술관은 화폭 앞에서 조용히 감상하는 습관을 옳다고 간주하고, 나이트 클럽은 음악에 맞춰 두 손을 흔드는 습관을 옳다고 간주한다. 커다란 목제 출입문에다가 입구 주위에 300개의 천사 석상이 새겨져 있는 교회의 경우, 강도나 광인이 아닐까 하는 오해를 살 위험이 없이도 우리가 낯선 사람에게 몸을 굽혀서 인사를 건넬 수 있는 보기 드문 기회를 허락해준다. 우리는 이곳에서만큼은 (미사의 맨 처음에 나오는 인사의 한 구절을 인용하면) "하느님의 사랑과 성령(聖靈, Holy Spirit)의 함께 하심"이 여기 모인 모든 사람에게 약속된다는 것을 알게 된다. 교회는 오랜 세월에 걸쳐 확립한 그 대단한 위신과 학문과 건축적 장엄함을 우리에게 빌려줌으로써, 처음 보는 누군가에게 자신을 열어 보이고 싶은 우리의 수줍은 욕망을 실현시켜준다.

　교인의 구성 역시 의미심장하게 느껴진다. 미사에 참석한 사람들은 나이, 인종, 직업, 또는 학력이나 수입 수준이 같지는 않을 것이다. 오히려 이들은 무작위로 추출된 집단이라고 할 수 있으며, 다만 특정한 가치에 대한 헌신을 공유하고 있다는 점에서 하나가 된 것뿐이다. 미사는 우리가 흔히 만들게 마련인, 경제력과 지위에 근거한 집단의 구분을 적극적으로 무너트리고, 우리를 인간성의 더 넓은 바다로 내던진다.

현대와 같은 세속의 시대에서 우리는 가족에 대한 사랑과 공동체 정신이 동의어라고 종종 생각하곤 한다. 현대의 정치인이 사회 개혁에 대한 열망을 언급할 때, 그들은 가족을 전형적인 상징으로 예찬하게 마련이다. 하지만 이런 점에서는 정치인보다 기독교 쪽이 더 현명하고 덜 감상적이다. 왜냐하면 기독교는 가족에 대한 집착이 사실상 우리의 애정의 범위를 좁히는 것이나 다름없다고, 또 온 인류와 우리의 연계를 이해해야 하는 더 커다란 도전에 관해서 우리가 생각하지 못하게 만든다고 인정했기 때문이다.

이와 유사한 공동체적 목적의 실현을 위해서, 교회는 세속적 지위에 대한 모든 집착을 버리라고 우리에게 요청한다. 권력과 돈이라는 외적 속성보다는 오히려 사랑과 자비라는 내적 가치가 더욱 존중받아야 한다는 것이다. 기독교의 가장 큰 성취들 가운데 하나는, 신학적 논증 중에서 가장 온화한 것말고는 다른 어떤 강압도 사용하지 않았으면서도, 군주와 거물들을 설복시켜 한 목수의 조각상 앞에 무릎을 꿇게 만든, 그리고 그들이 직접 농부와 청소부와 마부의 발을 씻겨주도록 만든 능력이다.

그러나 교회는 단순히 세속적인 성공이 중요하지 않다고 주장하는 데에서 멈추지 않았다. 여러 가지 방법을 통해서, 교회는 우리가 세속적 성공 없이도 얼마든지 행복하게 살 수 있다고 생각하도록 가르쳐주었다. 애초에 우리가 지위를 얻기 위해서 노력하는 이유를 정확히 간파함으로써, 교회는 그 안에서 으리가 재물과 직위에 대한 집착을 기꺼이 포기할 수 있는 환경 였다. 교회가 제대로 이해하고 있었던 것처럼, 우리 세를 얻으려고 분투하는 까닭은, 높은 지위가 없

한 종교

을 경우에 당할 수 있는 일들을 우리가 두려워하기 때문이다. 우리는 위엄을 잃어버리고, 남의 보호에 의탁하며, 친구 하나 없는 신세가 되고, 거칠고도 절망적인 환경에서 하루하루를 보낼 수도 있기 때문이다.

미사의 우월성이란 이런 두려움들을 차례대로 바로잡아준다는 점이다. 미사가 이루어지는 건물은 거의 대부분 화려하다. 비록 엄밀하게는 인간의 평등을 기념하기 위해서 바쳐진 건물이기는 하지만, 그 건물의 아름다움은 웬만한 궁전을 뛰어넘기도 한다. 미사에 동석한 사람들 역시 매력적이기는 매한가지이다. "다른 모두와 마찬가지"가 되는 것이 불행한 운명이 되는 상황에 놓일 경우, 즉 평범하다는 것이 곧 진부하고 우울하다는 것과 동의어가 되는 상황에 놓일 경우, 우리는 유명하고 권세 있는 사람이 되고 싶은 열망을 자연히 마음속에 품게 된다. 하지만 대성당에 모인 교인들이 "글로리아 인 엑스첼시스(Gloria in Excelsis, 대영광송)"를 부르기 시작하는 순간, 우리는 지금 이 군중이야말로 저 바깥의 어느 쇼핑몰이나 변변찮은 교통 중심지에서 우리가 마주치던 또다른 군중과는 전혀 차원이 다르다는 사실을 느끼게 마련이다. 낯선 사람들이 궁륭 모양의, 별이 총총 박힌 천장을 바라보면서 한 목소리로

"주여,
오소서, 저희들 가운데 사시고
당신의 은총으로 저희에게 힘을 주소서."

하고 낭송하면, 우리는 문득 인간성이라는 것이 결코 불쌍한

것은 아니라고 생각하게 된다.

그 결과로 우리는 이제부터 일에 지나치게 매달리지는 말자고 느끼기 시작할 수도 있다. 왜냐하면 우리는 지금껏 경력을 통해서 얻으려고 했던 존경과 안정이 가톨릭 공동체 안에서 이미 이루어지고 있다는 사실을 깨달았기 때문이다. 게다가 그 따뜻하고도 인상적인 공동체로 말하면, 우리에게 호의를 베푸는 대가로 세상에서 원하는 조건을 요구하는 법이 없기 때문이다.

미사 중에 가난, 슬픔, 실패, 상실 등에 관한 언급이 그토록 많은 까닭은 무엇일까? 아마도 교회가 가난한 자, 마음이 약한 자, 절망한 자, 나이 많은 자를 인류 중에서도, 그리고 (보다 의미심장하게는) 우리 자신 중에서도 가급적 부정하고 싶은 측면들의 상징으로 간주하기 때문일 것이다. 하지만 우리가 이런 측면들을 시인할 경우, 우리는 서로를 향한 우리의 필요에 더 가까이 다가서는 셈이 될 것이다.

우리가 보다 건방지게 된 순간에는 오만—아우구스티누스의 라틴어 표현을 빌리면 수페르비아(superbia)—의 죄가 우리의 인격을 장악함으로써 주위의 존재들에 대해서 아예 눈을 감아버리게 만든다. 만사가 우리에게 얼마나 유리하게 돌아가는지를 자랑할 때, 우리는 정작 다른 사람에 대해서는 둔감하게 된다. 우정이라는 것은 우리가 두려워하는 일이나 후회하는 일에 대해서조차도 감히 이야기를 나눌 수 있을 때에만 비로소 자라날 기회를 얻는다. 그 외의 다른 이야기는 단지 쇼맨십에 불과하다. 미사는 우리에게 오만을 벗어버리라고 권고한다. 차마 남 앞에 폭로되기를 두려워하는 우리의 결함들, 놀림감이 될 수 있는 우리의 경솔한 행동들, 이른바 친구들과의 대화를 피

상적이고 둔감하게 만들어버리는 우리의 비밀들. 이 모든 것들은 다만 인간 조건의 일부로 등장할 뿐이다. 교회 건물 안에서 우리는 억지로 꾸미거나 거짓말을 할 이유가 전혀 없다. 왜냐하면 이 건물은 고전(古典)에 흔히 등장하는 영웅과는 전혀 닮은 데가 없는 한 남자, 그리고 로마 군대의 포악한 병사들이나 그 원로원의 금권 정치가와도 전혀 닮은 데가 없는 한 남자, 그럼에도 불구하고 인간 중에서도 가장 지고한 존재이며 왕 중의 왕이라는 영예가 당연했던 한 남자가 겪은 공포와 연약함을 기념하기 위해서 지어진 것이기 때문이다.


4.

만약 우리가 미사의 교훈에 대해서 (또는 그 교훈을 위해서) 깨달은 존재로 남을 수 있다면, 그것은 미사가 종료됨과 동시에 우리가 평소에 매우 익숙하던 자기 중심의 축에서 최소한이라도 벗어날 수 있음으로써 가능할 것이다. 그리고 미사는 현대 세계 특유의 균열 가운데 일부를 치유하는 데에 사용할 수 있는 몇 가지 아이디어를 우리에게 제공할 수 있어야만 할 것이다.

이런 아이디어들 가운데 우선적인 것 하나는 사람들을 다른 장소에 들여놓음으로써 생기는 혜택과 관련이 있다. 그리고 그 장소는 어떤 집단의 주장에 대한 열광을 환기시킬 수 있을 정도로 충분히 매력적이어야 마땅하리라. 그 장소는 그곳을 찾는 방문객들이 평소의 이기주의를 유보하고, 그 대신 집단적인 정신 속에 즐겁게 몰입할 수 있도록 영감을 제공해야만 한다. 이 것이야말로 현대의 커뮤니티 센터의 대부분에서는 실현 불가능한 시나리오일 수밖에 없으니, 역설적이게도 그 커뮤니티 센터의 외양은 공동체적인 것에 참여하는 일이 얼마나 어리석은지를 확증하는 데에 도움을 주기 때문이다.

두 번째로, 미사는 사람들이 상호작용하는 동안에 그들을 인도할 규범을 제시하는 것이 얼마나 중요한지에 관한 교훈을 보여준다. 미사 경본(彌撒經本)의 전례적인 복잡성—미사의 거행을 위한 지침을 담은 이 책이 정해진 시점마다 교인들을 향해서 고개를 들라고, 일어서라고, 무릎을 꿇으라고, 노래하라고, 기도하라고, 마시고 먹으라고 지시하는 방식—은 다른 사람을 대하는 법에 관해서 인도를 받음으로써 혜택을 입는 인간 본성의 본질적 측면이 있음을 보여준다. 그처럼 심오하고도 고귀한 개인적 유대를 만들어내기 위해서라면, 한 집단이 아무런 목표도 없이 혼자 알아서 서로 어울리게 내버려두는 것보다는, 차라리 단단하게 안무가 짜여진 행동의 어젠다(agenda)를 부과하는 쪽이 더 효율적일 것이다.

우리가 미사에서 얻을 수 있는 마지막 교훈은 그 역사와 밀접하게 연결되어 있다. 예배로 정착되기 이전의 미사, 곧 교인들이 좌석에 앉아 있고 그 맞은편의 제단에는 성체와 포도주 잔을 든 사제가 서 있는 절차가 확정되기 이전의 미사는 다름 아닌 식사였다. 오늘날 우리가 알고 있는 것처럼 성찬식(聖餐式)의 시작은 원래 초기 기독교 공동체가 교인 각자의 일이나 가정에서의 의무를 잠시 중단하고 커다란 식탁(그 위에는 대개 포도주, 양고기, 그리고 이스트를 넣지 않은 빵이 놓여 있었다)에 모여 앉아 최후의 만찬을 기념하는 것이었다. 그들은 이야기하고, 기도하고, 그리스도와 서로를 향한 각자의 헌신을 새롭

S. Osténde nobis Dómine, misericórdiam tuam.

M. *Et salutáre tuum da nobis.*

S. Dómine, exáudi oratiónem meam.

M. *Et clamor meus ad te véniat.*

S. Dóminus vobíscum.

M. *Et cum spíritu tuo.*

S. Orémus.

### 4. The Priest goes up to the Altar

With a prayer for pardon on his lips the Priest goes up to the Altar which he kisses. He kisses the Altar nine times during the Mass begging for the intercession of the Saints whose relics repose in the altar stone.

*First extending, then joining his hands, the Priest says audibly* OREMUS; *then ascending to the Altar, he says secretly:*

AUFER a nobis, quæsumus Dómine, iniquitátes nostras: ut ad Sancta sanctórum puris mereámur méntibus introíre. Per Christum Dóminum nostrum. Amen.

*His hands joined, and bowing down over the Altar, the Priest says:*

ORÁMUS te, Dómine, per mérita Sanctórum tuórum, quórum relíquiæ hic sunt, et ómnium Sanctórum: ut indulgére dignéris ómnia peccáta mea. Amen.

*In* SOLEMN MASSES *the Altar is here incensed. Whilst blessing the incense the Priest says:*

AB illo ✠ benedicáris, in cujus honóre cremáberis. Amen.

P. Show us, O Lord, Thy mercy.

S. *And grant us Thy salvation.*

P. O Lord, hear my prayers.

S. *And let my cry come unto Thee.*

P. The Lord be with you.

S. *And with thy spirit.*

P. Let us pray.

### 4. The Priest goes up to the Altar

With a prayer for pardon on his lips the Priest goes up to the Altar which he kisses. He kisses the Altar nine times during the Mass begging for the intercession of the Saints whose relics repose in the altar stone.

*First extending, then joining his hands, the Priest says audibly* OREMUS; *then ascending to the Altar, he says secretly:*

TAKE away from us our iniquities, we beseech Thee, O Lord, that we may be worthy to enter with pure minds into the Holy of Holies: through Christ our Lord. Amen.

*His hands joined, and bowing down over the Altar, the Priest says:*

WE beseech Thee, O Lord, by the merits of Thy Saints, whose relics are here, and of all the Saints, that Thou wouldst vouchsafe to forgive me all my sins. Amen.

*In* SOLEMN MASSES *the Altar is here incensed. Whilst blessing the incense the Priest says:*

BE blessed ✠ by Him in whose honour thou art burnt. Amen.

비록 인위적인 구성이라고 하더라도 진지한 감정으로 들어가는 문을 열어줄 수 있다. 미사의 거행 방법에 관한 규범들. 1962년에 간행된 로마 미사 경본(Roman Missal)에 나온 라틴어와 영어 대역 지시문.

게 다짐했다. 유대인의 안식일 식사와 마찬가지로, 기독교인은 우리의 신체적 허기가 우선 충분히 채워져야만, 비로소 다른 사람들의 필요에 기꺼이 관심을 가지게 된다는 점을 잘 이해하고 있었다. 기독교의 미덕들 가운데에서도 가장 중요한 것을 기리기 위한 이런 모임은 그때 이후로 아가페 잔치(아가페[agape]는 사랑을 뜻하는 그리스어이다)라는 이름으로 부르게 되었으며, 예수의 사망 이후부터 364년의 라오디케아 공의회 이전까지 정기적으로 열렸다. 그러다가 이런 식사 가운데 일부가 도를 넘게 되자 불만의 목소리가 높아졌고, 초기 교회에서는 급기야 아가페 잔치를 금지하는 한편, 신앙심이 깊은 사람은 반드시 각자의 집에서 가족과 함께 식사를 하는 것이 당연하다는 유감스러운 결정을 내려야 했다. 그때 이후로 사람들이 모일 때 벌어지는 잔치는 오늘날 우리가 성찬식이라고 알고 있는 영적 연회로 한정되었다.

5.

이와 같은 식사 이야기는 타당성이 있는 것 같다. 왜냐하면 적절한 공동체 정신의 결여라는 현대의 특징이 우리의 식사 방식에는 상당 부분 반영되어 있기 때문이다. 물론 현대 세계에는 우리가 다른 사람들과 함께 식사를 할 만한 장소가 전혀 부족하지 않지만—어느 도시든지 시내에 있는 식당의 숫자와 품질을 내세우며 자부심을 가지고 있다—우리가 낯선 사람을 친구로 바꾸는 데에 도움이 되는 장소는 부족한 것 같다는 점이 중요하다.

　현대의 식당은 비록 사교성의 의미에 관해서 입에 발린 말을

예식이기 이전에 미사는 곧 식사였다.

으레 하고 있지만, 정작 그곳에서 우리에게 제공하는 사교성이란 매우 불충분한 모조품에 불과하다. 밤마다 식당을 찾는 사람의 숫자만 보면, 이런 장소들이 익명성과 냉담함을 피할 수 있는 피난처가 될 수 있을 것이라는 사실을 암시하는 듯하다. 하지만 사실 그런 식당에는 가령 손님들을 서로 소개시켜준다든지, 또는 손님들 상호간의 의구심을 해소시켜준다든지, 또는 사람들이 만성적으로 안주하게 마련인 파벌을 무너트려준다든지, 또는 사람들이 각자의 마음을 열고 다른 사람에게 자기 약점을 털어놓게 만든다든지 하는 등의 체계적인 메커니즘이 없다. 식당은 손님들의 애정을 더 넓고 깊게 할 수 있는 기회를 제공하는 것이 아니라, 다만 음식과 실내 장식에만 초점을 맞출 뿐이다. 식당에서건, 가정에서건, 식사 그 자체—가리비가 부드러운지, 또는 호박이 신선한지 등등—가 주된 관심의 대상이 되는 순간, 우리는 뭔가가 잘못되었다는 확신을 가지게 마련이다.

식당은 손님들이 단순히 들어왔다가 나가는 장소이기 때문에, 그곳에서의 경험은 단지 기존의 부족적(部族的) 구분을 재차 확인하는 것에 불과할 것이다. 현대 도시의 다른 여러 제도나 기구와 마찬가지로, 식당은 사람들을 같은 장소에 모이게 만드는 데에 적합한 반면, 정작 그곳에 모여서 서로 의미 있는 접촉을 하도록 도와주는 수단만큼은 철저하게 부족하다.


6.

미사가 주는 혜택, 그리고 현대식 식사의 결점을 염두에 둔다면, 우리는 미래에 나타날 이상적인 식당의 모습을 상상해볼 수 있다. 이 '아가페 식당'은 성찬식에 대한 가장 깊은 통찰에 충실한 장소가 될 것이다.

이런 식당이라면 문이 항상 열려 있을 것이고, 가격이 저렴할 것이고, 매력적인 내부 장식을 해놓았을 것이다. 좌석 배치의 경우, 우리가 흔히 안주하던 각자의 집단이나 인종 같은 기준을 깨뜨리게 될 것이다. 가족과 부부조차도 멀리 떨어져서 앉게 할 것이고, 친척보다는 오히려 지인과 함께 앉는 것이 권장될 것이다. 모두 안심하고 서로에게 접근해서 말을 걸 수 있을 것이고, 거절이나 비난을 받지 않을까 하는 두려움은 없을 것이다. 같은 공간을 점유하고 있다는 단순한 미덕 하나만으로, 손님들은 교회에서 하는 것처럼 공동체와 우정의 정신에 대한 저마다의 충성을 표현할 것이다.

낯선 사람들과 함께 식탁에 앉는 것은 비교할 수 없으면서도 특이한 혜택을 줄 것이다. 바로 그들을 미워하기가 좀더 쉽지 않게 된다는 것이다. 편견과 인종적 다툼은 추상적인 것에 불과하다. 식사를 함으로써 불가피하게 서로 가까이 있게 되면—가령 접시를 옆으로 건네주고, 냅킨을 동시에 펼치고, 심지어 낯선 사람에게 소금을 좀 건네달라고 부탁하는 등의 일을 하다 보면—특이한 옷차림에 유별난 억양을 가진 사람은 자기 고향으로 추방되거나 공격을 받아도 마땅하다는 식의 믿음을 우리는 더 이상 고수할 수 없을 것이다. 인종 간의 충돌을 완화시키기 위해서 제안된 높은 수준의 정치적 해결책도 있지만, 서로를 의심하는 이웃 간에 관용을 촉진시키기 위해서라면 억지로라도 그들이 식사를 함께 하게 만드는 것이야말로 가장 효과적인 방법일 것이다.

그렇다고 해서 음식이 가장 중요한 것까지는 아니었다. 두치오 디 부오닌세냐, 「최후의 만찬」, 1442년.

여러 종교에서는 음식을 섭취할 때야말로 도덕 교육을 하기에 매우 적절할 때라는 사실을 인식하고 있다. 마치 무엇인가를 먹게 된다는 크나큰 기대감으로 인해서, 평소에는 저항하게 마련이었던 우리 자신조차도 식탁이 우리에게 보여준 것과 똑같은 너그러움을 다른 사람들에게도 보여주는 것 같다. 여러 종교에서는 또한 우리의 감각적인 차원, 즉 지성과는 무관한 차원에 대해서도 충분히 잘 알고 있다. 우리가 단순히 말이라는 수단만 가지고는 고결한 인생 행로를 계속 갈 수 없음을 잘 알고 있는 것이다. 종교에서는 식사 때가 되어야만 사람들이 생각과 자양분을 맞바꾸려는 적극적인 청중이 된다는 사실을 인정한다. 그리하여 식사를 곧 위장된 도덕적 교훈으로 변모시키곤 했다. 종교에서는 우리가 와인을 처음 한 모금 맛보기 직전의 순간에 잠시 행동을 중단하도록 한 뒤, 마치 알약처럼 우리가 와인과 함께 꿀꺽 삼킬 수 있는 생각을 제공하는 것이다. 그들은 요리의 코스와 코스 사이의 즐거운 시간에 이루어지는 설교에 우리가 기꺼이 귀 기울이게 한다. 또 그들은 추상적인 개념을 상징할 수 있는 특정한 유형의 음식과 음료를 이용한다. 예컨대 기독교인을 향해서 이 빵은 그리스도의 성스러운 몸을 상징한다고 말하는 것이 그렇다. 또 유대인을 향해서 사과와 견과를 으깨 만든 유월절 음식은 일찍이 이집트에서 노예가 되어 창고를 지어야 했던 그들의 선조가 이용하던 회반죽을 상징한다고 말하는 것이 그렇다. 또 선불교 수행자를 향해서 천천히 차를 우려내는 찻잔은 뜬구름 같은 인생의 속세에서 행복의 무상(無常)한 본성을 의미한다고 가르치는 것이 그렇다.

아가페 식당에 들어가서 자리에 앉은 손님들의 앞에는 유대교의 하가다(Haggadah), 또는 가톨릭의 미사 경본을 연상시키는 지침서가 하나씩 놓여 있을 것이다. 거기에는 식사 때에 지켜야 할 규범들이 나와 있다. 어느 누구도 예외 없이, 서로 흥미로운 대화를 나누게 될 것이다. 이는 유대교의 유월절 식사이건 기독교의 성찬식이건 간에, 그런 행사에 참여하는 사람은 이스라엘 민족사의 중요한 측면에 안착했다고, 또는 하느님과 친교를 맺었다고 간주되는 것과 마찬가지일 것이다.

아가페 서(書)에는 미리 정해진 주제에 관해서 미리 정해진 시간에 서로 이야기를 나누어야 할 것이라는 안내가 나와 있을 것이다. 하가다에 따르면, 유월절 기념식에 참석한 사람들 가운데 가장 나이가 어린 아이가 직접 물어봐야 하는 것으로 규정된 유명한 질문("왜 오늘 밤은 다른 날 밤하고 다르지요?" "왜 우리는 이스트를 넣지 않은 빵이랑 쓴 나물을 먹는 건가요?")과 마찬가지로, 이런 화제는 사실 특정한 목적을 위해서 신중하게 고안된 것이다. 즉 손님들이 흔히 하는 '수페르비아(오만)'의 표현("무슨 일을 하십니까?" "아이들은 어느 학교에 다닙니까?")에서 벗어나서 보다 진지하게 자신을 드러내는 쪽("후회하는 일은 무엇입니까?" "절대 용서할 수 없는 사람은 누구입니까?" "두려워하는 사람은 누구입니까?")으로 다가서도록 유도하려는 것이다. 미사의 경우와 마찬가지로, 이러한 전례는 가장 깊은 의미에서의 자비를, 즉 우리의 동포인 피조물들의 존재에 대해서 섬세한 배려와 자비심을 품고 반응할 수 있는 능력을 드높일 것이다.

어떤 사람은 두려움, 죄의식, 분노, 우울, 보답 없는 사랑, 간통의 경우처럼, 우리의 집단적인 광기와 사랑스러운 연약함을

아가페 식당은 성찬식과 기독교의 공동체적 식사 전통의 세속적인 계승이다.

우리는 식사 때에 어떻게 행동해야 한다고 말해주는 책을 지님으로써 유익함을 얻게 된다. 바르셀로나에서 제작된 이 하가다(1350년경)는 정확한 안무가 곁들여진 유월절 식사를 위한 지침서이다. 이 식사는 공동체 정신을 되살리는 동시에 유대인의 역사에 관한 교훈을 전달하기 위해서 고안된 것이다.

상기시키는 감정에 관한 설명을 굳이 회피할 수도 있을 것이다. 우리의 대화는 다른 사람의 삶에 관해서 우리가 품게 마련인 보다 왜곡된 환상으로부터 우리를 자유롭게 만들 것이다. 우리의 잘 방어된 외관을 한 꺼풀 벗겨보면, 우리 대부분은 약간씩은 정신이 나간 짓을 하고 있으며, 그런 짓이 과연 어느 정도인지가 밝혀지기 때문이다. 그렇게 함으로써 우리는 똑같이 고통받는 우리 이웃들을 향해서 손을 내밀 이유를 가지게 되는 것이다.

새로운 참가자의 경우, 대부분이 저녁식사 시간의 전례를 상당히 특이하다고 간주할 것이다. 그러나 그들조차도 적절한 행동 규범이 진지한 감정을 만들어내는 데에 얼마나 크게 기여하는지를 점차적으로 인정하게 될 것이다. 어쨌거나 한 무리의 사람들과 함께 돌바닥에 무릎을 꿇고, 제단을 바라보면서, 다음과 같이 영창하는 것은 결코 자연스러운 일은 아니기 때문이다.

"주여,
당신을 믿는 당신의 자녀들을 위하여 기도하나이다.
그들이 당신의 사랑의 선물을 즐기게 하시고,
다른 사람과 나누게 하시고,
모든 곳에 전파하게 하소서.
주 그리스도의 이름으로 기도하나이다.
아멘"

그러나 미사에 참석하는 충직한 신자들은 각자의 종교에 대해서 이처럼 조직화된 명령을 지키지 않는다. 다만 격식을 그다지

유월절 식사. 여기에서는 가령 국회나 법정에서처럼 유용하면서도 복잡한 사회적 메커니즘이 작동하고 있다.

차리지 않는 맥락에서는 불러내기가 불가능한 수준의 강렬한 영혼의 힘을 산출하는 수단으로써만 그런 조직화된 명령을 환영할 뿐이다.

아가페 식당 덕분에, 낯선 사람에 대한 우리의 두려움은 물러나게 된다. 가난한 사람이 부유한 사람과 함께, 흑인이 백인과 함께, 정통파가 세속인과 함께, 극단적인 사람이 균형 잡힌 사람과 함께, 노동자가 경영자와 함께, 과학자가 예술가와 함께 식사할 것이다. 우리의 기존 관계로부터 만족을 얻기 위한 밀실 공포적인 압력은 완화될 것이며, 이른바 엘리트 서클에 접근함으로써 지위를 확보하려는 우리의 욕망도 완화될 것이다.

공동 식사 같은 검소한 행위를 주도함으로써, 결국 현대 사회 조직의 누더기들을 기울 수 있다는 우리의 발상에 대해서는 거부감을 느끼는 사람도 있을 것이다. 예컨대 사회의 갖가지 죄악에 대한 법률적, 정치적 해결책을 보다 신뢰하는 사람의 경우가 그렇다. 그러나 이런 식당이 단순히 전통적인 정치적 방법의 대안이 되는 것만은 아니다. 이것이야말로 우리의 상상력 속에서 서로를 인간답게 만들기 위한 중요한 한 걸음이 될 것이다. 그렇게 함으로써 우리는 우리의 공동체와 더 자연스럽게 관계하게 될 것이다. 나아가서 전통적인 정치적 관심인 이슈들 가운데 상당수의 뿌리 깊은 이기주의, 인종차별주의, 공격성, 두려움, 죄의식을 향한 우리의 충동적 감정 가운데 일부를 자발적으로 포기하게 될 것이다.

기독교와 유대교와 불교는 모두 속세의 주류 정치에 나름대로 중요한 기여를 해왔다. 하지만 공동체의 문제에 대해서 이런 종교들이 얼마나 큰 타당성을 지니고 있는지가 드러나는 때가 있다면, 바로 이런 종교들이 현대의 정치적 각본에서 벗어났을 때이다. 그때에야 비로소 이런 종교들은 100여 명의 지인들과 어떤 홀에 모여서 찬송가를 함께 부르는 행위 속에서, 또는 낯선 사람의 발을 씻어주는 전례적인 행위 속에서, 또는 이웃과 함께 식탁에 앉아 양고기 스튜를 나눠 먹으며 이야기하는 행위 속에서 우리가 지녀야 마땅한 가치가 있음을 상기시켜주는 것이다. 가령 국회와 법정 안에서 이루어지는 신중한 행위와 마찬가지로, 이런 행위들은 지극히 까다롭고도 취약한 우리의 사회를 하나로 만들어주는 데에 도움이 되는 종류의 의식인 것이다.

## ii. 사과

1.

공동체 정신을 고취시키려는 종교의 노력은 단순히 우리가 서로 인사를 나누도록 만드는 데에서만 그치지 않는다. 종교는 또한 어떤 집단이 형성된 이후에 잘못되었던 것들 가운데 일부를 해결하는 데에도 상당한 기능을 보여주었다.

유대교의 경우는 특히 분노에 대해서 독특하게 통찰한다. 가령 분노를 느끼기가 얼마나 쉬운지, 분노를 표현하기가 얼마나 힘든지, 다른 사람의 분노를 달래는 것이 얼마나 무섭고도 어색한 일인지 등에 대한 통찰이 그렇다. 유대교의 절기인 속죄의 날에 우리는 이런 사실을 특히 뚜렷하게 살펴볼 수 있다. 이것이야말로 지금까지 사회 갈등에 대한 해결책으로 고안된 것들 가운데 가장 심리학적으로 효율적인 메커니즘이다.

유대교의 새해인 티시레이(Tishrei)의 열 번째 날을 가리키는 속죄의 날(욤 키푸르[Yom Kippur])은 히브리 달력에서 매우 엄숙하고 중요한 행사이다. 구약성서 레위기에는 이 날짜에 관해서 다음과 같은 내용이 있다. 유대인은 반드시 평소의 가정 생활이나 상업 활동을 중지한 상태에서, 작년 한 해 동안 각자의 행동을 머릿속으로 돌이켜보면서, 혹시 누군가에게 상처를 주었거나 부당한 행동을 한 경우가 있는지 판단한다. 이어서 유대인은 모두 회당에 모여서 다음과 같은 기도문을 암송한다.

"우리는 죄를 지었습니다. 우리는 불충하게 행동했고,

전통적인 흰색 옷을 입은 이스라엘 유대인들이 속죄의 날을 맞이하여 자동차가 다니지 않는 예루살렘의 도로를 걸어 회당으로 향하고 있다.

우리는 남의 것을 훔쳤고, 우리는 남을 비방했고,

우리는 완고하게 행동했고, 우리는 사악하게 행동했고,

우리는 뻔뻔하게 행동했고, 우리는 폭력을 일삼았고,

우리는 거짓말을 했습니다."

이렇게 기도한 다음에 유대인은 반드시 각자가 짜증나게 만든, 화나게 만든, 아무렇게나 팽개친, 또는 여타의 방식으로 배신한 당사자들을 찾아가서 진심 어린 회개를 전해야만 한다. 이 과정이야말로 하느님의 뜻이며, 널리 용서할 수 있는 보기 드문 기회이다. "모든 사람이 죄 한가운데 있나이다." 그리고 저녁 기도에서는 이렇게 말한다. 따라서 "이스라엘의 모든 사람이 용서되기를, 아울러 그들 중에 거하는 모든 이방인도 그러하기를 바라나이다."

이 거룩한 날이 되면, 유대인들은 친구와 연락하고, 부모 및 자녀와 자리를 같이 하고, 지인과 연인과 해외의 친구에게 편지를 보내고, 저지른 죄를 목록으로 작성해야 한다는 조언을 받는다. 그런 한편으로 사과를 받는 사람들은 사과를 하는 사람들이 용서를 구하는 과정에서 보여주는 진실성과 노력을 인정하도록 권유를 받는다. 용서를 구하는 사람을 향해서 다시한번 분노와 실망을 표출하는 대신, 그들은 과거의 사건을 더이상 거론하지 않기로 작정할 준비가 반드시 되어 있어야만 한다. 왜냐하면 이후에 펼쳐질 자신의 삶 역시 아무런 잘못 없이 흘러갈 수 없다는 것을 알기 때문이다.

하느님은 이와 같은 고리처럼 이어지는 사과의 연쇄 속에서 특권적인 역할을 한다. 즉 하느님은 유일하게 완벽한 존재이므로, 따라서 유일하게 누군가에게 사과할 필요도, 이유도 없다. 다른 모든 것들과 마찬가지로 불완전함은 인간의 본질에 내재되어 있는 속성이다. 따라서 인간에게는 회개를 향한 의지도 반드시 있어야만 한다. 다른 사람에게 용서를 구하기 위해서는 용기와 정직이 필요하다는 사실이야말로, 인간과 신의 차이에 대한 이해와 존중을 상징한다.

속죄의 날은 한 가지 큰 이점을 가지고 있다. 그 개념에 따르면, 누군가에게 미안하다고 말하는 행위가 단순히 가해자나 피해자들 가운데 어느 한쪽의 주도에 의해서 이루어지는 것이 아니라, 뭔가 다른 곳에 원인이 있는 것처럼 생각될 수 있도록 이루어지기 때문이다. 이날이야말로 그 존재 자체로 우리를 여기에 앉혀놓고, 지금으로부터 6개월 전에 있었던 어떤 특정한 사건에 대해서 이야기하게 만드는 날이기 때문이다. 예를 들면, 그날 너는 나한테 거짓말을 했고, 나는 너에게 화를 냈으며, 너는 나한테 불성실하다고 비난을 했고, 나는 너를 울렸을 수도 있다. 우리 양쪽 모두 그 사건을 쉽게 잊지도 못하고, 우리 양쪽 모두 그 사건을 쉽게 말하지도 못하는 사이에, 그 사건은 우리가 한때 서로를 향해서 지녔던 신뢰와 사랑을 천천히 훼손하는 것이다. 따라서 이날이야말로 일상에 관한 이야기를 멈추고, 저마다 마치 마음속에서 지워버린 척했던 사건들을 다시 끄집어낼 수 있는 기회를 주고, 그리고 사실상 그 책임을 우리에게 지우는 날이다. 우리는 스스로를 만족시키는 것이 아니라, 다만 규범을 따르는 것이다.

미안하다고 말하는 것은 딱히 당사자들 중에서 어느 한 사람의 생각에 의한 것이 아니다. 욤 키푸르 예배. 부다페스트 회당.

2.

속죄의 날이라는 처방은 상처를 일으킨 사건의 당사자들 양쪽 모두에게 위안을 준다. 상처의 희생자가 될 경우, 우리는 정작 자신을 괴롭히는 원인을 구체적으로 살펴보지 않는데, 왜냐하면 대부분의 상처는 뒤돌아보면 정말 터무니없을 정도로 사소한 것들에 불과하기 때문이다. 이런 것들을 돌이켜보기만 해도 우리의 이성은 정말 섬뜩한 느낌을 받게 마련이다. 가령 누군가로부터 초대를 받지 못한 일이라든지, 누군가로부터 답장을 받지 못한 일 때문에 우리는 얼마나 큰 고통을 받았던가? 또한 누군가의 불친절한 한마디며, 누군가가 잊어버린 우리의 생일 때문에 우리는 얼마나 많은 시간을 괴로워했던가? 겨우 그 정도의 짜증스러운 일이라면, 우리는 이미 오래 전에 잊어버리고 무덤덤해졌어야 마땅하지 않을까? 하지만 우리의 나약함이 우리의 자기개념을 모욕하는 것이다. 우리는 고통을 느끼며, 이와 동시에 우리가 너무 쉽사리 고통을 느낀다는 사실에 대해서 불쾌감을 느끼고 있다. 우리는 자제함으로써 경제적으로 이득을 취하기도 한다. 우리에게 상처를 준 사람들은 우리를 능가하는 권력을 가진 경우가 많을 것이다. 예컨대 그들은 사업체를 소유하고 있으며, 계약에 대한 결정권을 가지고 있다. 따라서 우리가 계속 침묵하는 까닭은 이런 권력의 불균형 때문이지, 그런 침묵으로 인해서 우리의 고통과 억압된 분노가 면제되기 때문은 아니다.

이와는 반대로 우리가 누군가에게 고통을 주어놓고도 차마 사과하지 못하는 종류의 사람들이라면, 그것은 우리가 잘못한 일 때문에 견딜 수 없이 죄의식을 느끼게 되었기 때문일 것이다. 너무나도 미안한 까닭에 차마 미안하다는 말조차도 할 수가 없는 것이다. 우리는 희생자들로부터 멀리 도망치고, 그들에게 도리어 이상하고도 무례하게 대한다. 그것은 우리가 한 일에 전혀 개의치 않기 때문이라기보다는, 다만 자기가 한 일 때문에 차마 주체할 수 없을 정도로 심하게 불편함을 느끼기 때문이다. 우리에게 당한 희생자는 따라서 원래의 상처로 인해서도 고통을 당할 뿐만 아니라, 이후에 우리의 양심이 고통을 받음으로써 우리가 그들에게 표현하게 되는 냉담함으로 인해서도 고통을 당하게 된다.

3.

속죄의 날은 이런 모든 것들을 바로잡도록 도와준다. 인간의 오류가 일반적인 진리로서 받아들여지는 시기에는 구체적인 일탈(逸脫) 행위를 고백하기가 더 쉬워진다. 우리는 애초부터 마치 어린애 같은 존재였다는, 그러나 충분히 용서가 가능할 만큼 어리석은 존재였다는 가장 높은 권력자의 확언이 있을 경우, 우리의 어리석은 행동에 대한 자백은 훨씬 더 감내할 만한 일이 되기 때문이다.

따라서 속죄의 날은 무척 카타르시스적이며, 이런 날이 1년에 단 하루뿐이라는 것을 도리어 아쉽게 생각해야 할 것이다. 세속 세계 역시 아무런 거리낌 없이 이런 날을 제 나름의 버전으로 차용하여 매 분기의 시작을 알리는 날로 삼을 수 있을 것이다.

## iii. 공동체에 대한 우리의 증오

1.

우리가 강력한 공동체를 만드는 데에 실패하는 이유가 오직 서로에게 차마 인사를 건네지 못하는 우리의 수줍음 때문만이라고 생각하는 것은 지나치게 순진한 생각일 것이다. 우리의 사회적 소외 가운데 일부는 공동체적 가치에 대해서는 어떤 관심도 없는 우리 본성의 여러 측면들로부터 비롯된 것이다. 우리의 그런 측면들은 가령 성실성이나 자기희생이나 공감에 대해서는 오히려 짜증을 내거나 불편함을 느끼는 반면, 나르시시즘이나 질투나 악의나 성교나 음란한 공격성에 대해서는 자기 하고 싶은 대로 해버린다.

물론 종교는 이러한 경향을 아주 잘 파악하고 있으며, 만약 공동체가 제대로 기능하려면 이러한 경향을 반드시 조정해야 한다고 인식한다. 그러면서도 단순히 이러한 경향을 억압하는 방법보다는, 오히려 능숙하게 일소하고 추방하는 방법이 더 낫다고 생각한다. 따라서 종교는 우리에게 일련의 의식(儀式, ritual)을 제안하게 되는데, 그중 상당수는 첫눈에도 놀랄 정도로 공을 들인 것이다. 이런 의식은 우리의 본성에서 사악하거나 파괴적이거나 허무주의적인 것을 안전하게 배출시키는 것을 목적으로 삼는다. 이런 의식은 물론 그 의미를 대놓고 광고하지는 않는다. 왜냐하면 그렇게 하다 보면 어느 정도의 자의식이 생겨나는 바람에 참가자가 깜짝 놀란 나머지 의식에서 도망칠 수 있기 때문이다. 하지만 오랜 시대에 걸쳐 지속되고 인기를 얻은 것만 보더라도, 그런 의식을 통해서 어떤 핵심적인 것이 성취된다는 사실이 증명되었다고 하겠다.

최상의 공동체적 의식은 개인의 필요와 집단의 필요를 효과적으로 중재하게 마련이다. 우리의 충동 가운데 일부를 자유롭게 표현할 경우, 자칫 이 사회에 돌이킬 수 없는 균열을 가져오게 된다. 반면 똑같은 크기의 힘을 동원해서 단순히 억압해버릴 경우, 결국에는 개인의 건전성에 해를 끼치게 된다. 따라서 의식은 곧 자아와 타인을 화해시키는 것이다. 이것이야말로 잘 제어된, 그리고 종종 미학적으로 감동적인 정화이다. 이것은 우리의 자기중심적인 요구가 존중되는 동시에 순화될 수 있는 장소의 경계를 정하게 되었다. 우리의 그런 요구를 순화시키는 까닭은 집단의 장기적인 조화와 생존을 협의하고 보장할 수 있기 위해서이다.


2.

이 가운데 일부가 작용하는 모습을 살펴보려면, 사랑하는 가족 중 한 사람이 사망했을 때에 유대교에서 거행하는 의식이 좋은 사례가 될 것이다. 이때에는 유족이 워낙 슬픔에 짓눌린 나머지, 공동체를 상대하는 자신의 책임을 더 이상 감당하지 못할 위험이 있다. 따라서 그가 속한 집단에는 다음과 같은 지시가 내려진다. 즉 유족에게 자신의 슬픔을 표현할 완전한 기회를 허락하는 한편, 그가 결국은 자기 본업으로 돌아올 수 있도록 부드러운 압력을 계속해서 가하라는 것이다.

한 신자의 죽음 직후에 이어지는 7일간의 시바(shiva) 기간에는 몇 가지 단계가 차례대로 허락된다. 우선 격심한 혼란의 단계가 허락된다. 다음으로 보다 억제된 30일간의 단계(슐로심[shloshim])가 허락되는데, 이때에 유족은 기존에 감당하던 여러 가지 책임에서 면제된다. 다음으로 12개월간의 단계(슈네임 아사르 코데시[shneim asar chodesh])가 허락되며, 이때에는 회당에서 유족이 고인을 추억하기 위해서 기도한다. 그 1년이 지나고, 묘석(마체바[matzevah])이 공개된 다음, 계속해서 기도하고, 다시 한번 예배를 드리고 가정에서 모임을 가지고 나면 이제부터는 자기 삶과 공동체 모두의 요구에 다시 충실할 것을 확인하는 것이다.


3.

장례식을 제외한 대부분의 종교적 공동체 의식에서는 활기가 넘쳐난다. 이런 행사는 산더미 같은 음식이며 춤이며 선물 교환이며 건배며 들뜬 분위기와 함께 진행된다. 하지만 그런 즐거움의 뒤편에는, 그 의식의 중심에 있는 사람들 사이에서 일말의 슬픔이 떠도는 경우가 많다. 왜냐하면 그들은 공동체 전체를 위해서 특별한 이해관계를 포기했을 가능성이 크기 때문이다. 이때의 의식은 사실상 그들을 위한 일종의 보상 행위이며, 그들의 손실에서 비롯된 불만을 삭혀주고 누그러뜨리는 변화의 순간이다.

대부분의 결혼 잔치에 가보면, 이 축하 행사가 어떤 면에서는 슬픔을 표시하고 있는 것을 알 수가 있다. 즉 이제부터는 자녀를 위하고 사회의 안정을 위하여 나 자신의 성적 자유와 개인

모든 것을 해소하지 않고서 어떻게 슬픔을 표현할 수 있다는 말인가? 때로는 자기 삶과 공동체 모두를 포기하고 싶을 정도로 큰 충격을 받을 수도 있다. 유대교에서는 아버지가 고인이 된 지 1년이 지나서야 그 묘석을 공개한다.

적 호기심을 묻어버리는 것이며, 그 대가로 공동체에서는 나에게 선물을 주고 축하 연설을 해주는 것이다.

유대교의 바르 미츠바(Bar Mitzvah) 의식은 또 하나의 겉으로만 즐거운 의식이니, 사실 이것은 내적 긴장을 누그러트리려는 시도이다. 비록 겉으로는 유대인 소년이 성년이 되는 순간을 축하하는 데에만 관심을 두는 것 같지만, 이 의식은 사실 소년의 점진적인 성숙을 부모가 이해하고 수긍하게끔 만드는 데에 더 큰 초점을 맞추고 있다. 아들의 출생과 함께 시작된 양육기가 끝날 때가 되면 부모는, 특히 아버지는 복합적인 아쉬움을 품을 가능성이 크기 때문이다. 즉 조만간 자기에게도 쇠락이 찾아오게 되리라는 사실에 대한 불안감에다가, 새로운 세대에 의해서 추월당하고 밀려나는 사실에 대해서 질투와 분노가 뒤섞인 아쉬움을 토로하게 될 것이다. 이 의식이 벌어지는 날이 되면, 사람들은 아버지와 어머니를 향해서 그 아들의 언변과 성취를 진심으로 축하하는 한편, 이제는 그 아들을 놓아줄 때가 되었다고 부드럽게 권고하는 것이다.

우리가 각자의 모든 감정에 능숙하게 대처할 수 있으리라고 기대하지 않는다는 점에서 종교는 상당히 현명하다. 그리고 우리가 자신의 절망, 욕망, 질투, 병적인 자만 등을 인정하지 않을 수 없는 상황에 처하는 것이 얼마나 혼란스럽고도 굴욕적인지를 종교는 잘 안다. 우리가 어머니를 향해서 어머니 때문에 화가 난다고, 또는 자신의 자녀를 향해서 너 때문에 질투가 난다고, 또는 배우자감을 향해서 당신과의 결혼은 기쁘기도 하지만 두렵기도 하다고 말할 방법을 찾는 과정에서 우리가 가질 수밖에 없는 어려움을 종교는 잘 이해한다. 따라서 종교는 우

만약 우리에게 슬퍼할 거리가 전혀 없었다면, 과연 우리에게 의식적 잔치가 필요했
을까? 뉴욕 주의 어느 바르 미츠바 축하 행사.

리에게 특별한 날들을 부여하며, 우리는 그날들의 위장망(僞裝網) 아래에서 각자의 위험한 감정을 처리할 수 있다. 종교는 낭독할 대사와 부를 노래를 우리에게 제공하고, 그 도중에 우리 영혼의 불안한 영역 너머로 우리를 데려가는 것이다.

　본질적으로 종교는 개인이 한 공동체에 속한다는 것이야말로 매우 바람직한 일이지만 동시에 그리 쉬운 일이 아니라는 것을 잘 이해한다. 이런 점에서 종교는 세속의 정치 이론가들보다도 훨씬 더 정교한 셈이다. 왜냐하면 그런 이론가들은 공동체 정신의 상실에 관해서 감상적인 글을 쓰기는 하지만, 정작 사회 생활의 내적인 어두운 측면들을 인정하는 것은 거부하기 때문이다. 종교는 우리에게 공손하라고, 성실하고 건전하라고, 그리고 서로 존중하라고 가르친다. 그리고 종교는 가끔 한 번씩은 우리가 그 가르침과는 반대로 행동하도록 허락해야 한다는 것을, 그렇지 않으면 자칫 우리의 영혼이 파탄에 이른다는 것을 잘 알고 있다. 따라서 종교는 갖가지 축하 행사라는 가장 정교한 순간에 이르러, 선과 믿음과 친절이 그 반대의 것에 대해서 빚을 지고 있음을 수긍하게 되는 것이다.


4.

중세의 기독교는 이러한 이분법을 물론 잘 파악하고 있었다. 1년 중 대부분의 시간을 엄숙함, 질서, 규제, 우애, 정직, 하느님을 향한 사랑, 성도덕에 대해서 강조하다가, 새해 전야가 되면 영혼 집단에 걸어놓았던 빗장을 풀고, 페스툼 파투오룸(festum fatuorum), 즉 '바보들의 축제'를 열었다. 이때에는 나흘 동안

우리가 평소에 멀쩡한 정신 상태를 유지하기 위해서는, 가끔 한 번씩은 '루카의 발톱 복음서'에 의거한 설교를 할 필요가 있다. 중세의 '바보들의 축제'를 묘사한 19세기의 그림.

온 세상이 거꾸로 뒤집힌다. 성직자가 제단 위에서 주사위놀이를 하고, "아멘"이라고 말하는 대신에 당나귀 울음 소리를 내고, 회중석에서 술 마시기 내기를 벌이고, 아베 마리아에 맞추어 방귀를 뀌고, 복음서의 패러디(가령 "닭 똥구멍 복음서"라든지 "루카의 발톱 복음서"라든지)에 근거한 엉터리 설교를 늘어놓는다. 맥주를 한잔 마시고 나서, 이들은 성서를 거꾸로 들고, 채소를 향해서 기도를 올리고, 종탑 위에서 아래로 오줌을 갈겼다. 사람들은 당나귀와 "결혼하고" 튜닉 아래에 양털로 만든 커다란 음경을 달고 다니면서, 자기 앞에 있는 사람이면 성별을 막론하고 누구하고나 성행위를 하는 자세를 취하곤 했다.

그러나 이 가운데 어느 것도 단순히 장난으로만 간주되지 않았다. 그것은 성스러운 행위, 즉 파로디아 사크라(parodia sacra)였으며, 한 해의 나머지 기간에 모든 일이 똑바로 이루어질 수 있도록 고안된 행사였다. 1445년에 파리 신학 교수회는 프랑스의 주교들에게 바보들의 축제야말로 기독교 달력에서 필수적인 행사라고 설명했다. "이는 우리의 두 번째 본성이며 인간 누구나가 가지고 있는 어리석음을 최소한 한 해에 한 번은 자유롭게 분출할 수 있기 위해서이다. 와인 통도 간혹 한 번씩 열어서 공기를 통하게 하지 않으면 터져버리고 만다. 우리 인간은 모두 아무렇게나 모아놓은 통이나 다름없으며, 따라서 우리는 특정한 날에 어리석은 행동을 하는 것이다. 그렇게 함으로써 결국에는 하느님을 섬기려는 열성이 더 커져서 돌아오게 된다."

여기에서 우리가 이끌어내야 할 교훈은 이렇다. 만약 우리가 원활하게 기능하는 공동체를 원한다면, 우리의 본성에 관해서 순진한 생각을 하지 말아야 할 것이다. 대신 우리의 파괴적이고

아가페 식당에서 매년 벌어지는 해방의 순간.

반사회적인 감정의 깊이를 완전히 받아들여야 할 것이다. 우리는 축제와 방탕을 변두리로 내쫓아서도 안 되고, 경찰을 불러서 소탕해서도 안 되고, 논평가들이 눈살을 찌푸리게끔 해서도 안 된다. 우리는 대략 한 해에 한 번쯤은 혼돈을 존중해야 한다. 이 기간에 우리는 잠시나마 세속의 성인(成人) 생활에서 받는 두 가지 가장 큰 압력으로부터 벗어난다. 그 두 가지 압력이란 항상 합리적이어야 한다는 것, 그리고 항상 성실해야 한다는 것이다. 그러나 이 축제 기간만큼은 우리도 횡설수설하고, 양털 음경을 코트 앞자락에 매달고 밤에는 잔치에 참석해서 낯선 사람과 무작위로 즐겁게 놀이를 한다. 그리고 다음날 아침이면 우리의 배우자에게로 돌아간다. 물론 우리의 배우자 역시 우리와 비슷하게 놀이를 하고 돌아왔을 것이다. 하지만 양쪽 모두 이것을 자신에 대한 모욕으로 느끼지는 않을 것이다. 다만 바보들의 축제이기 때문에 그랬다고만 생각할 것이다.


5.

우리가 종교에서 배우는 것은 단순히 공동체의 매력만이 아니다. 우리는 또 한 가지를 더 배운다. 즉 훌륭한 공동체가 되려면, 사실은 그 구성원인 우리 안에 공동체를 진심으로 원하지 않는 요소가 많다는 점을 수긍해야만 한다는 것이다. 달리 말하면, 공동체를 질서정연한 모습으로 항상 유지하기는 불가능하다는 것이다. 만약 우리가 사랑의 축제를 연다면, 반드시 바보들의 축제도 열어야 할 것이다.

친절

# i. 자유의지론과 온정주의

1.

우리가 일단 성년이 되고 나면, 상대방에게 잘 대하라는 권유를 공식적으로 받게 되는 경우가 드물어진다. 현대 서양 정치사상의 핵심 가정들 가운데 하나는 사람들을 저마다 살고 싶은 대로 내버려두어야 한다는 것이기 때문이다. 즉 누군가의 잔소리도 없이, 도덕적 판정의 위협도 없이, 권력자의 변덕에 따라서 좌우됨도 없이, 스스로 알아서 살도록 내버려두어야 한다는 것이다. 자유는 우리의 지고한 정치적 미덕(美德)이 되었다. 서로에게 어떻게 행동해야 마땅하다는 식의 견해를 우리에게 장려하거나, 또는 기사도나 장중함에 관한 강의를 우리에게 듣도록 강요하는 것은 이제 국가의 임무가 아니라는 것이다. 좌파와 우파를 막론하고 현대 정치에서는 이른바 자유의지론적 이데올로기라고 할 수 있는 것이 지배적이 되었다.

1859년에 존 스튜어트 밀은 이런 불간섭주의적 접근방식을 옹호하는 최초이면서도 가장 정교한 논고인 「자유론」에서 이렇게 설명했다. "문명화된 공동체에서 그 구성원 중 누군가의 뜻을 거슬러 권력을 행사해도 정당할 때는 오직 다른 구성원에게 해악이 가해지는 것을 방지하는 것이 목적일 때뿐이다. 그 구성원의 육체적, 도덕적 선만 가지고는 충분한 보장이 되지 못한다."

이러한 도식에서 국가는 그 구성원의 내적인 안위나 외적인 태도에 관여하려는 열망을 전혀 가지지 않는다. 시민 각자의 결점은 논평이나 비판의 대상이 아니다. 왜냐하면 자칫하다가는 정부를 자유의지론자가 보기에는 가장 욕먹어 마땅하고 불쾌한 종류의 권력으로 바꿔놓을지도 모른다는 두려움 때문이다. 그 권력이란 바로 유모 국가(nanny state)이다.


2.
다른 한편으로, 종교는 항상 이보다 더 많이 지시하려는 야심을 가지고 있었으며, 한 공동체의 구성원들이 서로에게 어떻게 대해야 하는지에 대해서 매우 구체적인 부분까지 의견을 내놓는다.

가령 유대교를 보자. 유대교의 법전인 미슈나(Mishnah)의 몇몇 구절은 현대의 법률과 밀접한 유사 관계가 있다. 가령 절도, 계약 위반, 그리고 전쟁 중에 적군에 대한 과도한 복수를 금지하는 규정들은 우리 귀에도 친숙하다.

그러나 상당수의 다른 법령은 자유의지론적 정치 이데올로기에서 적절한 경계라고 판단하는 범위를 훨씬 더 넘어서까지 확장된다. 이 법전은 우리가 각자의 가족, 동료, 낯선 사람, 심지어 동물에게까지 어떻게 행동해야 하는지를 구체적으로 열거하고 있다. 우리가 기르는 염소나 낙타에게 먹이를 주기 전에 우리가 먼저 자리에 앉아 식사를 해서는 안 된다고, 하룻밤 이상이 걸리는 여행을 다녀올 때에는 우선 부모님께 반드시 허락을 구해야 한다고, 매년 봄철이 되면 같은 공동체에 있는 미망인들을 식사에 초대해야만 한다고, 추수 때에는 우리가 키우는 올리브를 단 한 차례만 수확할 수 있으며 그 나머지 열매는 고아나 빈민의 몫으로 남겨두어야 한다고 규정한다. 이런 권고뿐만이 아니라, 심지어 성행위를 얼마나 자주 해야 하는지에 대한 명령도 있다. 남자들은 아내와 정기적으로 사랑을 나누는 것이야말로 하느님을 향한 그들의 의무에 속한다는 가르침을 받는다. 여기서 "정기적"이라는 것은, 각자의 직업에 따라 가능한 노력의 정도를 가늠하여 그 빈도를 조절한 시간표를 지킨다는 뜻이다. "일하지 않고도 살 수 있는 재산을 가진 남자는 날마다 한 번. 노동자는 일 주일에 두 번. 나귀 몰이꾼은 일 주일에 한 번. 낙타 몰이꾼은 30일에 한 번. 선원은 6개월에 한 번."(미슈나, 케투보트[Ketubot], 5장 6절)


3.

자유의지론적 이론가들은 가령 배우자의 성적 요구를 충족시키려고 노력하는 것이라든지, 올리브 열매를 이웃에게 나눠주는 것이라든지, 또는 여행 계획을 어른에게 미리 알려드리는 것이야말로 의심의 여지없이 훌륭한 일이라고 인정할 것이다. 하지만 그들은 또한 이러한 희망을 굳이 법령으로 만들려는 그 어떤 온정주의적 시도에 대해서도 기묘하고도 매우 불길한 것이라고 비난할 것이다. 자유의지론자의 세계관에 따르면, 개에게 먹이를 주고 미망인을 식사에 초대할 때가 언제인지 여부는 공동체의 판정에 따라서가 아니라 오히려 개인의 양심에 따라서 결정되어야 할 문제이기 때문이다.

자유의지론자의 계산에 따르면, 세속 사회에서는 법률에 따라야 하는 품행과, 개인의 도덕에 따라야 하는 품행 사이에 뚜렷한 경계선을 그어야만 한다. 시민의 생명이자 재산에 가해지

유대인의 법전은 단순히 도둑질이 나쁘다는 것만 가〔...〕
령 나귀 몰이꾼은 일 주일에 한 번만 아내와 성행위〔...〕
한다. 율법이 새겨진 석판을 받는 모세. 834년경의 프〔...〕

는 피해를 예방하는 것은 국회와 경찰과 법정과 감옥의 역할이다. 그러나 이보다 더 모호한 종류의 피해는 전적으로 양심의 영역 안에 머물러 있어야 한다. 따라서 소를 한 마리 훔치는 것은 경찰관이 수사할 문제이지만, 20년 동안이나 침실에서 배우자에게 무관심으로 일관한 사람에게 압박을 가하는 것은 경찰관이 관여할 문제가 아니다.

사적인 문제에 개입하기를 꺼리는 이런 태도의 근원에 있는 정신은 무관심이라기보다는 오히려 회의주의이다. 보다 구체적으로 표현하면, 이 세상에는 정확히 무엇이 미덕인지를 아는 사람도 없으며, 설령 미덕이 무엇인지를 안다고 하더라도 다른 사람에게 그것을 안전하고 현명하게 주입시킬 수는 없으리라는 의구심이며, 이것은 상당히 만연되어 있다. 윤리적 선택의 본래적 복잡성을 알고 있었던 자유의지론자는 가령 '옳음과 그름'이라는 범주, 이처럼 논의의 여지가 없는 범주에 확실하게 맞아떨어지는 이슈조차도 얼마나 찾기 어려운지를 분명히 깨달았다. 어느 한쪽에게는 명백한 진실처럼 보이는 것이, 다른 한쪽에게는 문화적으로 편향된 선입견처럼 보일 수 있다. 여러 세기에 걸친 종교적 자기 신념을 돌아보면, 자유의지론자는 확신의 위험에 의해서 꼼짝없이 붙박이가 된 채 서 있었다. 어설픈 도덕주의에 대한 혐오 때문에 공공의 영역에서는 도덕에 관한 논의 자체가 사라져버렸던 것이다. 다른 사람의 행동에 대해서 의문을 제기하고 싶은 충동조차도 곧바로 나올 듯한 다음과 같은 반문 앞에서는 몸을 사릴 수밖에 없을 것이다. "도대체 당신이 뭔데 나더러 이래라 저래라 하는 거야?"

4.

그러나 이 세상에는 우리가 중립성보다는 도덕적 간섭을 오히려 더 적극적으로 선호해야 하는 한 영역이 있다. 많은 사람의 삶에서는 무엇보다도 압도적이며, 그 영역의 가치에 비하면 다른 어떤 관심사도 순식간에 왜소해지는 한 영역이 있다. 그 한 영역이란 바로 우리의 아이들을 키우는 일이다.

부모가 되면 자녀의 삶에 강제적으로 간섭하지 않을 수가 없다. 이때 부모는 자녀가 훗날 법을 준수하는 사람이 될 뿐만 아니라 '훌륭한' 사람이 되기를 바란다. 다시 말해서 배우자에게 사려 깊게 대하고, 고아에게 너그러운 태도를 취하고, 상대방의 의도가 무엇인지를 알고, 게으름이나 자기 연민에 빠지지 않는 사람이 되기를 바라는 것이다. 부모의 훈계는 그 폭과 정도에서 유대교의 미슈나에 필적할 만하다.

정치적 영역에서 자유의지론적 이론가들을 그토록 괴롭혔던 두 가지 똑같은 질문—"당신이 뭔데 나더러 이래라 저래라 하는 거야?"와 "뭐가 옳은지 당신이 어떻게 알아?"—에 직면할 경우에도, 부모는 거의 아무런 어려움도 느끼지 않고 작동 가능한 답변을 마련한다. 심지어 자녀의 현재의 소원을 거스르는 한이 있더라도 (그리고 종종 귀가 찢어질 듯한 울음소리에도 불구하고) 부모는 지금 자신이 자녀를 규범—자녀가 훗날 완전히 발달한 이성과 자제심을 가지게 된다면, 기꺼이 존중할 수 있는 규범—에 맞게 행동하도록 인도하고 있다고 확신하는 경향이 있다.

실제로 이런 부모가 가정에서 온정주의를 취한다는 것이 사실이라고 하더라도, 그렇다고 해서 그들이 모든 윤리적 의구심을 버리게 되었다는 의미까지는 아니다. 오히려 그들은 어떤 큰 이슈에 관해서는 확신을 가지지 못하는 것이야말로 매우 타당하다고 주장할 수도 있다. 예를 들면 24주일이 지난 태아를 낙태하는 것이 가능한지 여부가 그렇다. 그러나 그들은 그보다 더 작은 이슈에 관해서는 분명히 확신할 수 있다. 그리고 어린 동생의 얼굴을 때리는 것이나, 침실 천장에 사과 주스를 뿌리는 것이 과연 옳은 일인지 아닌지가 그렇다.

자신들의 발언에 구체적인 형태를 부여하기 위해서, 부모는 종종 별 점수 목록(star chart)을 만들기도 한다. 이 복잡한 집안 정치의 합의사항 목록(보통 냉장고 옆이나 찬장 문에 붙여 놓는다)에는 부모가 자녀에게 기대하는 행동들, 그리고 보상해 줄 의향을 가진 행동들이 대단히 구체적으로 나열되어 있다.

이런 목록이 자녀의 행동에서 상당한 개선(아울러 자신들의 보다 무질서한 충동이 감시되고 위축된다는 사실로부터 유래하는 듯한 아이들의 역설적인 만족감)을 만들어내는 경향이 있음을 깨달은 자유의지론적 성인이라면, 자신의 기벽을 다스리기 위해서라도 이와 똑같은 성인용 별 점수 목록을 하나 더 만들어 벽에 붙여놓고 싶은 충동을 느낄지도 모른다. 물론 누가 봐도 이 터무니없는 발상에 슬며시 웃음을 곁들이지 않을 수 없을 것이다.


5.

그런데 성인용 별 점수 목록에 관한 발상 자체가 비록 터무니없기는 하지만, 나름의 장점도 있다면 어째서일까? 아마도 우리

|  | m | t | w | t | f | s | s |
|---|---|---|---|---|---|---|---|
| not hitting Sam in the stomach | | ☆ | | | | ☆ | |
| saying thank you to granny | ☆ | ☆ | | | | | |
| eating up vegetables | | | | ☆ | ☆ | | |
| helping put away all the toys — even Sam's | ☆ | | | ☆ | ☆ | | |
| not pulling Scratty's tail | ☆ | | | | | | |
| sharing chocolate treats | | | | | | ☆ | |
| washing hands after going to the loo | | ☆ | ☆ | | ☆ | | |
| not peeking during hide and seek | | | | ☆ | | | |
| not having a tantrum when losing a game — to anyone | | | | | | ☆ | |

이론적으로는 가장 자유의지론적인 부모라고 하더라도, 네 살의 자녀를 상대할 때에는 별 점수 목록의 의미를 인정하는 경향이 있다.

가 보다 성숙한 그 순간만큼은, 자신의 불완전성의 크기며 어리석음의 깊이가 어느 정도인지를 우리가 너무나도 잘 알고 있기 때문일 것이다. 우리가 정말 하고 싶지만 결국에는 하지 않는 일이 얼마나 많으며, 또한 우리가 마음속으로는 정말 동의하지만 정작 일상생활에서는 무시해버리는 행동 방식이 얼마나 많은가? 하지만 자유에 대한 강박관념을 가진 세상에서는 우리를 향해서 바르게 행동하라고 감히 충고할 수 있는 어떤 목소리도 거의 들리지 않는다.

우리에게 필요한 충고라고 해서 반드시 매우 복잡할 필요까지는 없다. 타인을 용서하라, 화를 내더라도 천천히 내라, 다른 사람의 관점에서 생각해보라, 삶을 똑바로 살아라……만약 우리가 친절에 관한 적절하고, 솔직하고, 단순한 구조의 조언을 들을 필요가 없다고 생각한다면, 우리는 자신에 관해서 도움이 되지 않는 약아빠진 견해를 가진 것이다. 그보다는 대부분의 경우에 우리는 단순한 실체임을, 어린이나 가축에게도 자연스레 주어지는 것과 같은 확고하고 기초적인 지침조차도 결여한 상태임을 납득하는 쪽이 오히려 더욱 더 지혜로울 것이다.

우리가 번영을 누릴 가능성에 대해서 제기되는 진정한 위험은 자유의지론자들이 생각하는 위험과는 전혀 다르다. 대부분의 선진 국가에서 자유의 결핍은 더 이상 문제가 되지 않는다. 우리의 몰락은 오히려 우리의 선조들이 지난 300여 년 동안 우리를 위해서 확보해놓은 자유를 정작 제대로 이용하지 못하는 우리의 무능력에 기인한다. 우리는 자유를 이용할 수 있는 충분한 지혜도 없는 상태에서, 저마다 하고 싶은 대로 생각하고 행동하게 된 상황에 점차 진저리를 쳤다. 그렇다고 해서 우리가 온정주의적 권위—물론 우리는 그런 권위에 종종 분노하며 하루라도 빨리 벗어나고 싶어한다—에 의해서 좌우되는 상태가 바로 그런 상황이라고 할 수는 없다. 오히려 위험은 정반대 방향에서 온다. 즉 우리는 여러 가지 유혹에 직면하는 것이다. 그 유혹이란 우리가 충분히 거리를 확보할 수 있을 때에는 종종 비난하던 것이었지만, 우리의 궁극적인 자기 혐오와 실망에도 불구하고 우리는 그 유혹에 저항할 용기를 완전히 결여하고 있다. 우리의 성숙한 자아가 절망에 빠진 채 우리 자신을 바라보고 있는 사이에 우리의 유치한 또다른 자아는 우리의 보다 숭고한 원칙들을 짓밟아버리고, 우리가 가장 열렬히 숭배하는 것들을 무시해버린다. 우리의 가장 깊은 소원은 아마도 누군가가 찾아와서 우리를 우리 자신에게서 구해주었으면 하는 것이리라.

착하게 행동해야 한다는 온정주의적 조언을 간혹 듣는다고 하더라도, 이것이 반드시 우리의 "자유(liberty)"—이 말의 온전한 의미에서—에 대한 침해는 아닐 것이다. 진정한 자유는 사람이 하나부터 열까지 혼자 결정하도록 내버려두는 것을 의미하지 않는다. 진정한 자유는 오히려 규제되고 인도되는 것을 당연히 전제로 해야 한다.

현대의 결혼은 도덕적 환경의 부재에 의해서 생기는 문제들의 시범 사례이다. 우리는 최선의 의도와 최대의 공동 노력에 의해서 결혼 생활을 시작한다. 처음에는 모두의 눈이 우리에게 쏠려 있는 것처럼 보인다. 가족, 친구, 심지어 국가 공무원까지도 우리의 공동 행복과 선한 행동을 위해서 전적으로 노력하는 것처럼 보인다. 하지만 머지않아 우리는 혼자임을 깨닫게 된다. 남은 것이라고는 우리가 받은 결혼 선물과 두 사람의 상충되는 성격뿐이다. 우리는 의지가 약한 생물이기 때문에, 우리가 아주 최근에, 그러나 매우 진지하게 체결한 계약은 점차 훼손되기 시작한다. 완고한 낭만적 동경은 너무나도 깨지기 쉬운 것이기 때문에, 그것만 가지고는 관계를 제대로 만들어갈 수가 없다. 두 사람은 점차 서로에 대해서 부주의하게 되고, 거짓말을 하게 된다. 우리의 무례함에 우리 자신도 놀랄 정도가 된다. 우리는 점차 서로 기만하게 되고, 원한을 품게 된다.

우리는 주말에 우리 집을 찾아온 친구들에게 조금만 더 오래 있어달라고 설득할 수도 있다. 왜냐하면 그들의 관심과 애정이야말로 한때 우리가 이 세상으로부터 받았던 높은 기대를 연상시키기 때문이다. 하지만 마음속 깊은 곳에서부터 우리는 알고 있다. 우리가 지금 고통을 당하는 까닭은 지금처럼 살아가는 방식을 바꾸고 새로운 노력을 하라고 우리를 향해서 재촉하는 사람이 없기 때문이라는 사실을 말이다. 종교는 이런 점을 잘 이해한다. 즉 선을 계속 유지하기 위해서는 아예 관중을 두는 것도 도움이 된다는 것을 알고 있는 것이다. 따라서 종교에서는 우리가 결혼 예식을 시작할 때에 한 무리의 증인을 제공하며, 예식이 끝나고 나서도 각 종교의 신에게 우리를 끊임없이 감시하는 역할을 부탁하는 것이다. 이처럼 감시를 받는다는 식의 발상 자체는 처음에는 상당히 거부감을 불러올 수도 있지만, 실제로는 누군가가 우리를 계속 지켜보며 최선을 다하기를 기원해준다는 사실에 우리는 오히려 안도감을 느끼기도 한다. 우리의 품행이 단순히 우리만의 일이 아니라고 느끼는 것은 기쁜 일이다. 그렇게 느낌으로써 훌륭한 행동을 향한 중대한 노력이 조금은 더 쉬워진 듯해지기 때문이다.

6.

자유의지론자들은 우리가 이론적으로는 타인을 인도함으로써 이익을 얻고 있다고 시인할지도 모른다. 하지만 그들은 여전히 그런 이익을 타인에게 주는 것이 불가능하다고 불평할 것이다. 이유는 간단하다. 왜냐하면 내심으로는 어느 누구도 무엇이 좋고 나쁜지를 더 이상 알지 못하기 때문이다. 우리가 그것을 알지 못하는 이유는—유혹적이고 극적인 어떤 아포리즘에서 종종 지적되는 것처럼—하느님이 죽었기 때문이다.

　현대의 도덕적 사고 가운데 상당수는 꼼짝도 못하고 있다. 신앙이 붕괴함으로써 우리 자신을 위한 설득력 있는 윤리적 틀을 만들어내는 우리의 능력이 회복할 수 없을 정도로 명백하게 손상되었다고 생각하기 때문이다. 하지만 이 주장은 비록 외관상으로는 본질적으로 무신론적이지만, 실제로는 종교적 사고방식에 어느 정도 빚을, 그것도 상당히 기이하면서도 부당한 빚을 지고 있다. 왜냐하면 어느 단계에선가는 일단 하느님이 '과거에' 한때나마 존재했었다는 것을, 따라서 도덕의 근거가 본질적으로 초자연적이었다는 것을 우리가 진실로 믿을 때에만, 비로소 하느님의 현재의 '비(非)'존재에 대한 인식이 우리의 도덕적 원칙을 흔들어놓을 만한 힘을 가질 수 있을 것이기 때문이다.

　그러나 만약 우리가 애초부터 하느님을 우리의 창작물로 간주한다면, 이런 주장은 삽시간에 붕괴하여 동어반복이 되고 만다. 왜냐하면 초자연적인 존재에게서 기인한 것으로 생각되던 여러 가지 규범들이 사실은 너무나도 인간적인 우리 조상들의 작품에 불과하다는 사실을 알게 되는 순간, 과연 우리가 더 이상 윤리적 의구심 때문에 부담을 느낄 수가 있을까?

그래도 종교적 윤리의 기원이 최초의 인간 공동체의 실용적인 필요에서 비롯되었다는 점은 분명하다. 즉 그 공동체에서는 폭력적이 되려는 구성원의 성향을 억제하는 한편, 오히려 그와는 정반대의 습관이라고 할 수 있는 조화와 용서의 습관을 길러야만 했던 것이다. 종교적 규약은 애초에만 해도 경계의 교훈으로 시작되었으며, 나중에는 하늘을 향해서 투사되었고, 급기야 현실에서 유리된 당당한 모습으로 다시 지구로 돌아오게 되었던 것이다. 동정심을 품으라거나 인내하라는 등의 명령의 경우, 이런 미덕은 사회를 파편화와 자기 파괴에서 구할 수 있는 특성이라는 자각에서 비롯되었던 것이다. 이런 규범은 우리의 생존을 위해서 매우 중요하다. 따라서 이후 수천 년 동안이나 우리는 그런 규범조차도 사실은 우리가 공식화한 것임을 감히 시인할 생각조차도 못하고 있었으며, 심지어 그런 규범을 감히 비판하고 불경하게 대하는 것은 상상하지도 못했다. 우리는 도덕을 우리 자신의 얼버무림이나 허약함과는 전혀 다른 어떤 것으로 격리시키기 위해서 마치 하늘에서 내려온 것처럼 생각하게 되었다.

그러나 이제는 우리가 그동안 윤리적 법률을 마치 영적인 것처럼 꾸며대고 있었음을 고백한다고 하더라도, 우리가 법률 그 자체가 없어도 살아갈 수 있다고 주장할 수는 없을 것이다. 우리에게는 여전히 동정심을 품으라거나 정의롭게 행동하라는 등의 충고가 필요하다. 물론 우리를 그렇게 만들기 위해서 슬그

머니 관여하는 하느님이 실제로 존재한다고는 더 이상 생각하지 않지만 말이다. 더 이상은 우리도 지옥의 위협이나 천국의 약속 앞에서 종교에 적극 협력할 필요가 없다. 다만 한때는 초자연적 존재가 우리에게 요구한다고 상상했던 것과 같은 종류의 삶을 이제는 우리 자신—즉 우리의 여러 부분 중에서도 가장 성숙하고 타당한 (그리고 우리의 재난과 강박 속에서는 거의 존재하지 않는) 부분—이 영위하기를 바랄 뿐임을 단순히 상기하기만 하면 된다. 미신에서 이성으로 향하는 도덕의 적절한 진화란, 결국 우리가 가진 도덕적 계명의 저자가 바로 우리 자신임을 인식한다는 것을 의미한다.


7.

물론 우리가 어떤 인도를 기꺼이 받아들이느냐 받아들이지 않느냐를 결정하는 중요한 요인은 인도하는 쪽의 태도이다. 종교에서 우리가 보다 불편하게 생각하는 특징들 가운데 하나가 바로 성직자들의 태도이다. 그들은 마치 자신들이—그리고 오직 자신들만이—다른 사람을 능가하는 성숙함과 도덕적 권위를 가지고 있는 것처럼 흔히 말한다. 반면 기독교가 더욱 매력적인 때가 있다면, 어린아이와 어른 같은 이분법을 부정할 때이며, 우리가 결국에는 오히려 어린아이 같고, 불완전하고, 미완성이고, 쉽게 유혹당하고, 죄투성이라는 사실을 인정할 때이다. 미덕과 악덕이라는 두 범주를 이미 잘 알고 있는 듯한 사람이 설교할 때, 우리는 미덕과 악덕에 관한 교훈을 더 기꺼이 받아들인다. 원죄라는 발상이 여전히 매력과 유용성을 지니는 것도 그

우리가 마음속 깊은 곳에서 이미 옳다고 생각하는 일을 하기 위해서, 우리는 자신에게 겁을 주는 방법을 발명해야만 했다. 「지옥의 고문」. 프랑스의 채색 필사본에 수록된 삽화. 1454년경.

래서일 것이다.

우리가 이미 터무니없이 사악하며 구제불능의 존재가 되었다는 생각에서 비롯된 고독감과 죄의식 때문에, 우리는 결국 스스로를 개혁하지 못하게 된다. 이런 사실을 유대교-기독교 전통에서는 때때로 직시했다. 따라서 이들 종교에서는 상당히 침착한 태도로 다음과 같이 선포했다. 우리 모두는—하나의 예외도 없이—놀랄 만큼 결점이 많은 피조물이다. "저는 죄 중에서 태어났고, 허물 중에 어머니가 저를 배었습니다." 구약성서(시편 51편)에서 나타나는 이러한 메시지는 신약성서의 다음 구절에도 반향을 남겼다. "그러므로 한 사람을 통하여 죄가 세상에 들어왔고 죄를 통하여 죽음이 들어왔듯이, 또한 이렇게 모두 죄를 지었으므로 모든 사람에게 죽음이 미치게 되었습니다."(로마서 5장 12절).

그러나 이런 어둠에 대한 인식이 곧 종착점이라고는 말할 수 없다. 비록 현대의 비관주의에서는 반드시 그래야만 한다고 종종 간주하지만 말이다. 우리는 속이고, 훔치고, 남을 모욕하고, 이기적으로 남을 무시하고, 불성실하게 행동하도록 유혹당하는 성향이 우리에게 있다는 사실을 별다른 놀라움 없이 받아들인다. 문제는 우리가 충격적인 유혹을 경험하느냐 여부가 아니라, 우리가 가끔 그런 유혹을 이겨낼 수 있느냐 여부이다.

원죄(原罪)의 교리는, 우리가 우리 안에 있는 혐오스러운 결함이 인간이라는 종(種)의 불가피한 특성이라는 사실을 이해하게 되면 우리가 도덕적으로 향상될 수 있다고 독려한다. 따라서 우리는 그런 결함들을 솔직하게 시인하고, 냉정한 정신으로 그런 결함들을 바로잡으려고 시도할 수 있다. 우리가 부끄러워할 이유를 조금이라도 더 없애기 위해서 노력하고 있는 중이라면, 부끄러움 그 자체는 우리를 짓누르는 감정이 되지 못한다는 점이 이 교리에는 잘 나타나 있다. 계몽주의 사상가들은 인간이 태생적으로나 자연적으로나 선하다고 주장함으로써, 결국 자기들이 우리에게 호의를 베풀고 있다고 믿었다. 하지만 우리의 태생적인 품위에 관한 이야기를 반복적으로 듣다보면, 정작 우리로서는 성취가 불가능한 수준의 고결성에 못 미치는 삶을 살았다는 후회로 인해서 무력감을 느끼게 될 것이다. 이에 비하면 보편적인 죄악성을 고백하는 것이야말로, 덕성을 향한 우리의 소박한 첫걸음을 떼기 위한 출발점으로는 오히려 더 낫다는 사실을 알게 된다.

나아가서 원죄에 대한 강조는 민주주의 시대에 도덕적 조언을 나누어줄 수 있는 권리가 누구에게 있을까 하는 의구심에 대한 답변을 내놓는 데에도 도움이 된다. "당신이 뭔데 나더러 이래라 저래라 하는 거야?"라는 격앙된 질문을 받을 경우, 기독교 신자는 다음과 같이 상대방을 무력화시키는 답변을 하기만 하면 된다. "나도 당신과 똑같은 죄인입니다." 우리는 모두 하나의 조상, 즉 타락한 아담의 후손이다. 따라서 우리에게는 불안이며, 죄악을 향한 유혹이며, 사랑을 향한 열망이며, 순수를 향한 이따금씩의 동경이 똑같이 따라다닌다는 것이다.


8.

어떻게 하면 인류는 평화롭고 바람직하게 서로 잘 어울려 살 수 있을까? 이 질문에 대답할 수 있는 불변의 법칙, 이른바 선행에 관한 불변의 법칙을 우리는 결코 발견하지 못할 것이다. 하지만 좋은 삶에 관한 절대적인 동의가 없다고 해서, 그런 삶의 이론적 개념을 탐구하고 고취하는 자격조차도 우리가 박탈당하는 것은 아니다.

도덕적 교훈에서도 먼저 고려해야 할 내용은 반드시 보편적이어야만 한다는 것이다. 물론 어리석음과 악의로 이끌려가는 길은 사람마다 천차만별이라는 점을 고려할 때, 우리 중 누군가를 인도하는 미덕과 악덕의 목록은 매우 구체적이어야 할 것이다.

선행에 대한 유대교-기독교의 접근방법으로부터 우리가 이끌어낼 수 있는 한 가지 일반화는, 우리가 비교적 사소하고 또 극적이지도 않은 좋지 않은 품행에 관심을 집중하라는 조언을 받아야 한다는 것이다. 가령 기독교에서는 자존심—겉으로는 그다지 눈에 띄지 않는 마음가짐—이야말로 주목할 만한 가치가 있다고 생각했으며, 유대교에서는 부부가 성행위를 얼마나 많이 해야 하는지에 대한 권고를 결코 쓸데없는 짓이라고 생각하지 않았다.

반면 현대 국가가 우리의 삶에 끼어들어 명령하는 것이 얼마나 뒤늦고도 어리석은 것이었는가를 한번 생각해보자. 현대 국가는 항상 어떤 일이 너무 진행되었을 때에야 간섭하기 일쑤이다. 예컨대 우리가 총을 집어들었을 때, 돈을 훔쳤을 때, 아이들에게 거짓말을 했을 때, 배우자를 창밖으로 떠밀었을 때에야 간섭하기 시작한다. 현대 국가는 사소한 학대가 결국 큰 범죄를 야기시킨다는 사실에 제대로 주목하지 않는다. 유대교-기독교의 윤리가 거둔 성과는, 간섭의 범위를 인류의 크고 분명한 악덕에만 한정시킨 것이 아니라 더욱 확장시켰다는 점이다. 이들 종교의 권고 대상을 보면, 가깝게는 일상생활에 지장을 주는 정도에서부터, 멀게는 거대한 범죄의 온상을 형성할 정도에 해당하는 각종 냉대와 학대가 망라되어 있다. 제대로 기능하는 사회의 경우, 무례함과 감정적 굴욕이야말로 강도나 살인과 마찬가지로 부식 효과를 초래할 수 있다는 것을, 이들 종교는 잘 알고 있다.

십계명은 인간이 같은 인간에게 가하는 공격성을 제어하려는 최초의 시도였다. 탈무드의 명령이며, 중세 기독교의 미덕과 악덕의 명부를 살펴보라. 거기 나와 있는 온갖 종류의 학대들은 비록 정도가 다르기는 하더라도, 엄청나게 격한 분노를 일으키기 쉽다는 점에서는 모두 똑같다고 할 수 있다. 살인과 절도가 악덕이라고 선언하기는 오히려 쉬운 편이다. 다만 남을 얕잡아 보는 발언을 하는 것이라든지, 또는 부부간에 성적으로 너무 무관심함으로써 생기는 결과를 경고했다는 것이야말로 도덕적 상상력의 보다 위대한 성취라고 말할 수 있다.

## ii. 도덕적 분위기


1.

기독교는 사람들이 서로의 결함을 지적하고, 서로의 행동에 개선의 여지가 있다는 것을 인정하는 도덕적 분위기를 만들려고 굳이 애쓰지 않았다.

그리고 기독교는 성인과 아동 간에 특별한 차이가 있다고 보지 않았다. 따라서 그 신자들을 존경할 만한 방향으로 이끌어가는 별 점수 목록에 상응하는 것을 계속해서 제공해왔다. 이런 가장 훌륭한 사례는 바로 이탈리아 파도바에서, 즉 스코르베니 성당의 아치형 벽돌 천장에서 찾아볼 수 있다.

14세기 초에 피렌체의 화가 조토는 한 성당의 벽을 프레스코화들로 장식해달라는 의뢰를 받았다. 그 성당에는 14개의 벽감(壁龕)이 있었으며, 조토는 그 하나마다에 서로 다른 미덕이나 악덕을 알레고리화한 초상화를 하나씩 그리게 되었다. 그는 회중석에 가장 가까운 오른쪽 벽에 우선 기본적인 미덕으로 일컬어지는 "신중," "용기," "절제," "정의"를 그렸고, 그 다음으로는 기독교의 미덕으로 일컬어지는 "신앙," "자비," "희망"을 그렸다. 그리고 반대편인 왼쪽 벽에는 이에 상응하는 악덕들을 배치했다. "우둔," "변덕," "분노," "불의," "불성실," "시기," "절망"이었다. 이런 추상적인 제목 하나하나마다에, 이 화가는 그림을 구경하는 사람의 감탄을 자아내는 동시에 죄의식을 일깨울 생생한 표본을 붙여놓았다. "분노"는 성난 자기 연민 속에서 자기 옷을 찢으며 하늘을 향해서 소리를 지르는 모습으로 묘사된 반

| | | |
|:---:|:---:|:---:|
| 분노 | 변덕 | 질투 |
| 절제 | 용기 | 자비 |

조토, 「악덕과 미덕」, 파도바 소재 스코르베니 성당, 1304년경.

면, 그 벽감 다음다음의 "불성실"은 마치 사람을 잘 속이는 듯한 곁눈질을 하는 모습으로 묘사되었다. 회중은 좌석에 앉아서, 자신이 저 미덕들 가운데 어떤 것을 받아들였고, 저 악덕들 가운데 어떤 것을 내버렸는지를 생각하곤 했다. 그리고 그들이 열심히 생각하는 동안, 하느님께서는 저 위의 천구에서 한 손에 별을 쥔 채로 그들을 내려다보시고 있었다.

조토의 별 점수 목록이 속하는 종교 전통에서는 사람이 어떻게 행동해야 하는지에 대해서 구체적으로 제안하는 것이라든지, 또는 무엇이 선이고 무엇이 악인지를 일일이 구분하는 것 등을 어색하게 생각하지 않았다. 악덕과 미덕의 묘사는 어디에서나—성서, 기도서, 교회와 공공건물의 벽—마찬가지였으며 그 목적은 노골적으로 교훈을 주는 것이었다. 그런 묘사는 충실한 신자들이 각자의 삶을 바람직한 방향으로 이끌어갈 수 있도록 도와주는 나침반 역할을 하도록 의도된 것이었다.


2.

도덕적 분위기를 산출하려는 이런 기독교적 열망과는 대조적으로, 자유의지론적 이론가들은 공공장소에서는 중립이 지켜져야 한다고 주장해왔다. 건물의 벽에나, 책의 페이지에도 자비를 상기시키는 것이 있어서는 안 된다는 것이다. 그런 메시지는 결국 우리에게는 무척 귀중한 "자유"를 극적으로 침해하기 때문이다.

그러나 우리의 충동적이고 변덕스러운 성격을 고려했을 때, 자유에 대한 이러한 걱정이 반드시 우리의 가장 깊은 소원을 존중하는 것은 아니라는 점은 우리가 이미 앞에서 살펴보았다.

또한 이제 우리는 어떤 경우이든지 간에, 우리의 공공장소는 중립적인 것과는 전혀 관계가 없음을 인정할 수 있다. 그런 공간은—어떤 번화가를 얼핏 둘러보아도 알 수 있듯이—상업적인 메시지로 뒤덮여 있다. 심지어 이론적으로는 우리가 자유롭게 선택하도록 내버려두려고 노력하는 사회에서조차도, 우리의 정신은 계속해서 우리가 의식적으로는 거의 깨닫지 못하는 방향으로 가도록 조종당하고 있다. 때때로 광고 대행사들은—거짓 겸손을 향한 예방적인 시도로서—광고가 제대로 '작동하지' 않는다는 말을 한다. 이런 주장에서는, 우리는 성인이며, 따라서 멋진 사진이 들어간 광고판이나 카탈로그에 눈이 멎는 바로 그 순간에도, 이성이 개입되는 우리의 힘을 잃어버리지 않는다고 말한다. 또한 어린이는 성인처럼 의지가 결연하지는 못하기 때문에, 저녁 8시 이전에 텔레비전에 등장하는 특정한 메시지로부터 차단당해야 할 필요가 있으며, 그렇지 않을 경우에는 특정한 기차놀이 장난감이나 탄산음료를 정신을 잃을 정도로 갈망하게 될 수도 있을 것이라고 말한다. 하지만 성인은 보통 충분한 분별력과 자제력이 있기 때문에, 밤낮을 가리지 않고 사방팔방의 모든 매체를 통해서 쏟아지는 교묘하게 만들어진 메시지가 끝없이 펼쳐진다고 하더라도, 그것 때문에 자신의 가치관이나 소비 패턴을 바꾸지는 않으리라는 것이다.

그러나 어린이와 성인 간의 이러한 구분은 상업적 이익 쪽에만 너무 편리하다는 의심을 살 수밖에 없다. 실제로 우리는 결단력이 허약하기 짝이 없으며, 의지가 박약한 우리는 광고라는 세이렌(그리스 신화에 나오는 바다의 요정/역주)의 노랫소리 앞에서 고통을 받기 일쑤이다. 버릇없는 세 살 어린이가 공기 주입식 개

맛있는 과자의 장점을 우리에게 굳이 상기시킬 필요는 없다.

집까지 끼워준다는 농장놀이 장난감 세트를 보고 혹하는 것이나, 마흔두 살 성인이 추가로 집게와 철판을 끼워준다는 바비큐 세트를 보고 매료되는 것은 매한가지라는 뜻이다.


3.
무신론자들은 종교가 지배하는 사회의 주민들을 딱하게 여기는 경향이 있다. 그런 사회에서 살아가려면 상당한 정도의 선전을 감내할 수밖에 없으리라는 사실 때문이다. 하지만 그들은 세속 사회에서도 그에 못지않게 강력하고도 지속적으로 기도하는 사람을 향해서 외침 소리가 들려온다는 점을 간과하고 있다. 자유의지론적 국가라는 이름에 참으로 걸맞은 국가가 있다면, 그곳에서는 시민들에게 보내는 메시지를 비교적 균형 잡힌 메시지로 만들려고 노력할 것이다. 즉 단순히 상업적인 메시지는 회피하는 한편, 전체 사회를 위한 번영에 대한 개념을 강조한 메시지를 만들려고 할 것이다. 조토의 프레스코 화가 의도하는 야심에 걸맞게, 이처럼 새로운 메시지는 여러 가지 고귀한 행동 방식—우리가 현재 무척 존경하면서도, 경솔하게 무시해 버리는—을 우리에게 생생하게 보여줄 것이다.

　우리는 높은 가치에 관해서 그리 오랫동안 관심을 가지지 않을 것이다. 가령 우리에게 그런 가치의 중요성을 인식시키는 계기라고 해봤자, 이른바 철학자라고 하는 사람들이 쓴, 판매도 신통치 않고, 거의 알려지지도 않은 어떤 에세이집 한 권이 고작이기 때문이다. 반면 그 너머의 도시에서는 탁월한 재능을 과시하는 세계 최고의 광고 대행사들이 저마다 주마등 같은 연금

술을 보여주면서, 신제품 세제나 맛 좋은 과자의 이름으로 우리의 감각 섬유에 불을 지필 것이다.

만약 우리가 레몬 향이 들어간 바닥 세척제라든지, 후추 뿌린 과자에 관해서는 자주 생각하는 반면, 인내와 정의에 관해서는 별로 생각하지 않는다면, 그것은 단순히 우리 자신의 잘못만이 아니다. 이 두 가지 기본적인 미덕이 대개는 유명한 광고 회사인 영 앤드 루비캠의 고객이 될 만한 위치에 있지 못하기 때문이다.

# iii. 역할 모델

## 1.

기독교는 공공장소에서의 메시지에 신중하게 관심을 쏟는 한편으로, 선과 악에 관한 우리의 개념이 형성되는 과정에서 우리가 함께 시간을 보내는 사람들의 역할이 지대하다는 점을 현명하게도 인식했다. 사교 서클에 대한 우리의 침투성이 위험할 정도로 높다는 사실을, 즉 다른 사람의 태도와 행동을 받아들이고 모방하기는 너무나도 쉽다는 사실을 기독교는 잘 알고 있다. 이와 동시에 우리가 사귀는 특정한 사람들은 대부분 우연적인 힘의 결과라는 것을, 즉 우리의 유년 시절과 학창 시절과 공동체와 일터에서 만난 특이한 인물들이라는 것을 기독교는 충분히 이해한다. 우리가 정기적으로 마주치는 수백 명의 사람들 중에서, 상상할 수 없을 정도로 훌륭한 자질을 가진 사람, 또는 우리의 영혼을 드높이 이끌어주는 사람, 또는 우리의 최선의 충동을 뒷받침하기 위해서 우리가 의식적으로 차용하고 싶은 목소리를 가진 사람처럼 매우 예외적인 개인은 결코 많지 않을 것이다.

## 2.

이런 모범에 대한 갈망이야말로, 가톨릭에서—자신들이 생각하기에는—지금껏 살았던 사람들 중에서 가장 위대하고 덕망 있는 사람들을 무려 2,500명이나 신자들 앞에 세워놓는 이유이다. 이 성인(聖人)들은 제각기 서로 다른 방식으로, 우리가 저마다 기르고 희망해야 하는 자질의 모범이 된다. 예를 들면 성 요셉은 어린이를 둔 가정이 스트레스에 차분하게 대처하는 방법이라든지, 일터에서의 시련을 온화하고도 불평하지 않는 성격으로 대처하는 방법을 우리에게 가르쳐줄 수도 있다. 살다보면 때로는 그냥 주저앉아서 엉엉 울고 싶은 순간들도 있게 마련이다. 이때 우리 곁에 함께 있을 수 있는 성인은 성 유다 다태오인데, 상실된 대의의 수호성인인 그는—굳이 어떤 즉각적인 해결책이나 심지어 희망조차 찾을 필요가 없는 상태에서—부드러운 태도로 우리에게 위안을 줄 수 있다. 분노를 느낄 때에는 성 필립 네리를 찾을 수 있다. 그는 결코 우리의 문제를 실제보다 더 과장하지도 않고, 우리에게 굴욕을 주지도 않는다. 그럼에도 불구하고 그는 우리에게 뭔가 부조리하다는 느낌을 주고, 결국 우리가 현재의 상황을 웃어넘김으로써 치유 효과를 얻게 되는 방법을 잘 알고 있다. 예를 들면, 가족 모임에 따르는 위험이라든지, 또는 컴퓨터 하드디스크가 날아가버린 사건이 생겼다고 하자. 그 어떤 일에도 동요하지 않는 성 필립이라면 과연 이런 일들을 어떻게 처리할 것인지를 상상해보는 것만으로도 우리는 각별한 위안을 받는 것이다.

우리가 성인들과 맺는 상상력이 넘치는 관계를 더욱 두텁게 하기 위해서, 가톨릭에서는 성인들의 사망일이 열거되어 있는 달력을 우리에게 제공한다. 그렇게 함으로써 정기적으로 각자의 사교 서클에서 떨어져나와서 자신들의 삶을 묵상할 기회를 우리에게 주려는 것이다. 그들의 삶이란 가령 전 재산을 다른 사람에게 나누어주고 세상을 떠돌며 선행을 베풀면서도 자신은

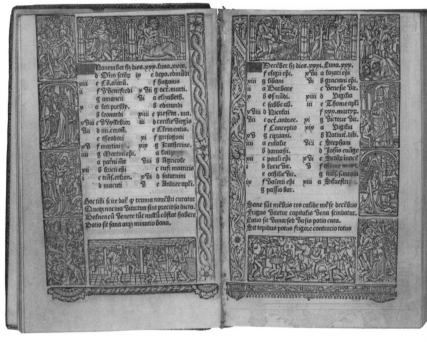

친구들을 기억하는 기회. 16세기 영국의 시편서에 따르면 11월과 12월에는 성 휴, 캐서린, 시오도어, 에드먼드, 클레멘트, 바바라, 루시, 오스먼드를 비롯한 여러 성인들의 사망일이 있었다.

고행을 위해서 거친 튜닉을 입었던 사람(성 프란체스코)의 삶일 수도 있고, 하느님에 대한 믿음을 이용함으로써 칼에 잘린 귀를 비탄에 잠긴 그 피해자의 머리에 도로 붙여놓은 사람(성 커스버트)의 삶일 수도 있다.


3.

아울러 가톨릭에서는 우리의 이상적인 친구들의 모습을 3차원 미니어처의 형태로 집 안에 놓고 바라보는 것이 유익하다는 것을 인식했다. 어쨌거나 우리 모두는 곰을 비롯한 여러 가지 동물 미니어처들과의 관계를 두텁게 하는 것으로 각자의 삶을 시작하며, 그 과정에서 그것들을 향해서 말을 하는 것은 물론이고, 그것들로부터 무언의 이야기를 듣기도 하기 때문이다. 비록 움직이지는 못하지만, 그럼에도 불구하고 이런 동물들의 미니어처는 매우 위안이 되고 영감을 준다. 우리는 슬플 때에 그것들에게 말을 걸고, 그것들이 우리 대신 침묵하며 밤을 견디는 모습을 바라보며 위안을 받는다. 가톨릭은 우리가 이런 관계의 메커니즘을 굳이 포기할 이유가 없다고 보았으며, 따라서 나무나 돌이나 수지나 플라스틱으로 만든 성인의 조각상을 구입해서 각자의 방이며 복도의 선반이나 모퉁이에 놓아두라고 권고했다. 가정에서 혼란을 느낄 때면, 우리는 저 건너편에 놓인 플라스틱 조각상을 흘끗 바라보며 마음속으로 물어보곤 한다. 과연 아시시의 성 프란체스코라면, 지금처럼 화를 내는 아내나 신경질적인 자녀에게 우리가 무슨 말을 해야 좋을지를 조언해줄 것인가? 이 질문에 대한 답변은 줄곧 우리 마음속에 있었을

만약 그러면 어떻게 할 것인가? 다양한 형태로 판매되는 아시시의 성 프란체스코.

지도 모르지만, 우리가 성인의 조각상을 향해서 정식으로 질문을 던지는 습관을 또 한번 행하고 나서야 비로소 우리의 머릿속에 떠오르고, 또한 효과를 보게 되는 것이다.

4.

원활히 움직이는 세속 사회에서도 이와 유사한 방식으로 그 역할 모델에 관해서 신중하게 생각하곤 한다. 세속 사회라고 해서 단지 영화 스타나 가수만 우리의 역할 모델이 되는 것은 아니다. 종교적 믿음이 부재한다고 해서 이른바 용기, 우정, 성실, 인내, 신뢰, 회의주의 같은 "수호성인"이 있어야 하는 필요성까지 없어지는 것은 아니다. 여전히 우리는 마음속의 한 부분에 우리보다 더 균형이 잡히고, 용감하고, 너그러운 마음을 지닌 사람들—링컨이나 휘트먼, 처칠이나 스탕달, 워런 버핏이나 폴 스미스—의 목소리를 담아둠으로써 이득을 얻을 수 있다. 그리고 그들을 통해서 우리는 각자의 가장 고귀하고도 진지한 가능성과 다시 한번 연결될 수 있다.

5.

도덕에 관한 종교의 관점에 따르면, 우리가 마치 어린이처럼 대우받는 것에 대해서 지나치게 강하게 반발하는 것이야말로 결국에는 우리의 미성숙을 보여주는 상징이었다. 자유에 대한 강박관념을 가진 자유의지론자는 유년기의 구속과 인도에 대한 우리의 애초의 욕구가 여전히 우리 안에 남아 있다는 사실을

심지어 가장 위대한 무신론자조차도 역할 모델을 이용할 수 있다. 아래 : 지그문트 프로이트가 런던에서 사용하던 책상의 모습. 아시리아, 이집트, 중국, 로마의 조각 상들이 잔뜩 놓여 있다. 위 : 조각상 대신 버지니아 울프를 선호할 사람도 있을지 모르겠다.

무시한다. 따라서 그들은 온정주의적 전략으로부터 우리가 배울 것이 매우 많다는 사실도 무시한다. 누군가를 향해서 당신은 완전히 성장했다고, 따라서 이제는 무슨 일이든지 간에 당신이 좋을 대로 해도 된다고 말하는 것도 아주 친절한 일은 아닐 것이며, 궁극적으로 그를 아주 자유롭게 해주는 일도 아닐 것이다.

# IV

응용

"대학의 목적은 유능한 변호사나 의사나 기술자를 배출하는 것이 아니다. 다만 능력 있고 교양 있는 '인간'을 만드는 것이다." 존 스튜어트 밀.

## i. 우리가 가르침을 받아야 하는 것

1.

런던 북부의 어느 붐비는 중심가. 이곳에 늘어선 키프로스 빵집, 자메이카 미장원, 벵골 테이크아웃 가게 사이에는 영국에서도 가장 최근에 설립된 대학의 캠퍼스가 있다. 12층짜리 비대칭형의 철제 건물 안에 들어서면, 선명한 자주색과 노란색으로 칠해진 복도를 따라서 인문학부의 강의실과 세미나실이 들어서 있다.

이 대학에서는 20만 명의 학부생이 400가지의 학위 프로그램을 이수한다. 이 특별한 학교는 불과 몇 달 전에 여왕의 사촌이기도 한 교육부 장관의 지시로 개설되었으며, 그 일을 기념하는 문구가 새겨진 화강암 블록이 화장실 근처의 벽에 박혀 있다.

"'지금까지 세계에서 이야기되고 생각된 최고의 것들'을 위한 집." 그 화강암 블록에는 문화에 관한 매슈 아널드(1822-1888)의 유명한 정의가 이렇게 인용되어 있다. 이 대학에서는 그 인용문이 무척 마음에 들었던지, 학부생 입학 설명서에는 물론이고, 지하 식당의 음료수 자동판매기 옆 벽에도 붙어 있다.

세속 사회가 교육만큼 열렬히 신봉하는 것이 또 있을까? 계몽주의 시대 이래로 초등 수준에서부터 대학에 이르는 교육은 사회의 여러 가지 가장 심각한 질환에 대한 가장 효과적인 처방으로 제시되어왔다. 또한 교육은 문명화되고 번영하는 합리적인 시민을 양성하는 방법으로도 생각되어왔다.

이 새로운 대학에서 제공하는 학위 과정들의 목록만 훑어보아도, 그중 절반 이상은 학부생에게 실용적인 기술을 체득시키기 위한 것임이 드러난다. 여기에서 실용적인 기술이란 상업 및 기술 사회에서 성공적인 경력을 얻는 데에 반드시 필요한 종류의 기술을 말한다. 가령 이 대학에는 화학, 비즈니스, 미생물학, 법률, 마케팅, 공중위생 과정이 있다.

그러나 교육을 대변하는 더 거창한 주장들, 대개는 입학 안내서에서 읽거나 졸업식에서 들을 수 있는 종류의 주장들은 대학이 단순히 기술 관료와 기업가를 배출하는 공장 이상의 존재임을 암시하는 경향이 있다. 즉 이런 학교들은 더 지고한 임무를 수행해야 하는 것처럼 주장한다. 바로 우리를 더 훌륭하고, 더 현명하고, 더 행복한 사람으로 바꿔놓는 임무이다.

교육의 목표를 옹호한 빅토리아 시대의 또다른 사람인 존 스튜어트 밀은 이렇게 말했다. "대학의 목적은 유능한 변호사나 의사나 기술자를 배출하는 것이 아니다. 다만 능력 있고 교양 있는 '인간'을 만드는 것이다." 또는 매슈 아널드의 이야기로 다시 돌아가면, 적절한 문화 교육은 "우리의 이웃에 대한 사랑, 인간의 혼란을 제거하고 인간의 불행을 감소시키려는 열망"을 우리 안에 고취시켜야 한다는 것이다. 나아가서 교육의 가장 야심만만한 목표는 "이 세상을 우리가 처음 보았을 때보다 더 훌륭하고 더 행복한 곳으로 만들려는 고귀한 포부"를 가져야 한다는 것이다.


2.
이런 야심들이며 그럴싸한 주장들을 하나로 엮어주는 것이 바로 열정이다. 그리고 그 모호함이다. 어떻게 교육이 학생들을 관용과 진리로 향하게 만들고, 동시에 죄악과 오류로부터 멀어지게 만든다는 것인지는 대부분 명료하지가 않다. 하지만 이런 개념의 친숙함과 순수한 아름다움 때문에라도, 우리는 이런 영감을 고취시키는 개념에 수동적으로나마 동의하지 않을 수가 없다.

그럼에도 불구하고 이처럼 하늘 높이 과장된 수사를 지상의 특정한 현실에 비추어 살펴보는 것도 아주 잘못된 것은 아닐 것이다. 런던 북부에 있는 현대식 대학의 인문학부에서 펼쳐지는 일상적인 월요일의 풍경을 살펴보도록 하자.

내가 굳이 이 학부를 선택한 까닭은 물론 우연이 아니다. 왜냐하면 교육을 대변하는 주장들, 즉 변화에 관한 감상적인 주장들은 십중팔구 인문학부와 관련이 있는 것이지, 가령 내분비학이나 생물통계학과 관련이 있는 것은 아니기 때문이다. 철학, 역사, 미술, 고전, 언어, 문학 같은 분야의 연구야말로 교육적 경험에서도 가장 복잡하고 미묘하고 치유적인 차원을 만들었다고 여겨져왔다.

7층의 어느 외진 강의실에서는 역사학과의 2학년 학생들이 18세기 프랑스의 농업 개혁에 관한 강의를 듣고 있었다. 이 주제에 관해서 20년간 연구한 교수의 주장에 따르면, 1742년부터 1798년 사이에 농작물의 생산량이 감소한 원인은 단순한 흉작 때문이라기보다는 오히려 농업용 토지의 상대적으로 낮은 가격 때문이었다. 따라서 지주들은 농업보다는 차라리 무역 쪽에 투자하도록 독려를 받았다는 것이다.

바로 아래층의 고전학과에서는 15명의 학생들이 고대 로마의 시인 호라티우스(65-8 B. C.)와 페트로니우스(?-66)의 작품에서 자연의 이미지가 어떻게 사용되었는지를 비교하고 있었다. 교수는 호라티우스가 자연을 곧 무법과 부패와 동일시한 반면, 두 시인 가운데 여러 면에서 더 비관적인 페트로니우스는 오히려 자연을 이와 완전히 반대되는 성격으로 파악했다고 강조했다. 통풍장치가 고장난 데다가 창문까지 닫혀 있어서 그런지, 공기가 좀 답답하게 느껴졌다. 이 교수가 20년 전에 옥스퍼드에서 박사학위(그의 논문 제목은 "에우리피데스의 「이온」에 나타난 메타내러티브의 패턴"이었다)를 받았을 당시에 기대했던 열의를 보여주며 그의 주장을 경청하는 학생은 거의 없는 것 같았다.

이 대학의 교수들이 각자의 임무에 열중하는 모습은 상당히 열렬하고 감동적인 데가 있었다. 하지만 그들의 강의 내용이며 시험 문제의 방향이 아널드나 밀의 이상과 뚜렷한 관계를 맺고 있는지 여부를 파악하기는 힘들었다. 그 입학 안내서에서 거듭 이야기되는 수사가 어떻든지 간에, 현대의 대학은 학생들에게 정서적이고 윤리적인 삶의 기술을 가르치는 데에는 거의 관심이 없는 것 같으며, 이웃을 사랑하고 이 세상을 우리가 처음 보았을 때보다 더 훌륭하고 더 행복한 곳으로 만들려는 방법을 가르치는 데에는 더더욱 관심이 없는 것 같았다.

예를 들면, 철학에서 학사학위를 얻기 위한 필수 요건은 형이상학의 핵심 논제들(실체, 개체, 보편 등)에 정통해지는 것, 그리고 콰인(1908-2000 : 체계적인 구성주의적 철학 분석을 주장한 미국의 철학자, 논리학자/역주)이나 프레게(1848-1925 : 기호논리학을 개척한 독일의 수학자, 논리학자/역주)나 푸트넘(1926- : 1960년대부터 분석철학, 특히 마음의 철학, 언어철학, 수리철학, 과학철학을 주도하고 있는 미국의 철학

자, 수학자, 컴퓨터 과학자/역주)에 나타난 의도성의 개념에 관한 논문을 작성하는 것이 전부이다. 영문학에서 학사학위를 얻고 싶으면 단지 알레고리적이며 신비적인 측면에서 「황무지」(T. S. 엘리엇[1888–1965]이 제1차 세계대전 이후의 서구 지성의 정신적 혼돈 상태를 노래한 장시/역주)를 공격한다거나, 또는 세네카(4? B.C.–65 A.D. : 고대 로마의 스토아 학파 철학자/역주)의 극 이론이 재커비언(Jacobean), 곧 제임스 1세 시대(1603–1625)의 극장에 끼친 영향을 추적한다거나 해서 성공하기만 하면 그만이다.

졸업 연설에서는 천편일률적으로 인문 교육을 지혜나 자각의 획득과 동일시한다. 하지만 지혜나 자각 같은 목표는 대학에서 학과별로 시행하는 강의나 시험의 일상적인 방법과는 사실상 아무런 관련이 없다. 일방적인 미사여구 대신 실제로 하는 일을 근거로 판단하면, 대학은 철저하게 한 분야에 초점을 맞춘 다수의 전문직 종사자(변호사, 의사, 기술자 등)를 배출하며, 또한 문화적으로는 박식하지만 윤리적으로는 혼란스러워하면서도 앞으로 남은 생애 동안에 어떻게 하면 좋은 일자리를 얻을 수 있을지를 고민하는 소수의 대학 졸업생을 배출한다.

우리는 고등교육 시스템에 이중적이면서도 어쩌면 상충되는 임무를 암묵적으로 부여했는지도 모른다. 즉 우리에게 생계를 유지하는 방법을 가르치는 한편으로 우리에게 살아가는 방법을 가르치도록 요구했는지도 모른다. 그러면서도 우리는 이 두 가지 목표 가운데 후자를 대책 없이 모호하게 그리고 무관심하게 방치해두었다.

3.

무슨 상관이 있겠는가? 외관상으로는 종교에 관해서 이야기하는 이 책에서, 왜 우리가 굳이 대학 교육의 미흡함을 걱정해야 한단 말인가?

성서 교육의 쇠퇴와 문화 교육의 대두 간의 관계를 고려해보면, 비로소 그 의미가 명백해지기 시작한다. 19세기 유럽에서 종교적 믿음이 분열되기 시작하면서 다음과 같은 고민스러운 질문이 제기되었다. 기독교의 틀이 없어지고 나면, 어떻게 사람들이 의미를 찾고, 자신을 이해하고, 도덕적으로 행동하고, 같은 인간을 용서하고, 각자의 운명을 맞이할 수 있겠는가? 이때 영향력 있는 세력이 제시한 답변은 이러했다. 이제부터는 문화 예술 작품을 성서처럼 참고할 수 있으리라는 것이었다. 결국 문화가 성서를 대체한 셈이었다.

애초의 희망은 문화가 우리를 인도하고, 인간답게 만들고, 위안하는 일에서 종교(여기에서는 기독교를 가리킨다) 못지않게 효과가 있으리라는 것이었다. 역사, 회화, 철학 사상, 픽션 등을 파고들면 교훈을 얻을 수 있을 것이고, 그런 교훈은 그 윤리적 취지며 정서적 영향력에서 성서의 가르침과 크게 다르지 않으리라는 것이다. 심지어 사람에 따라서는 미신으로부터도 어떤 의미를 찾을 수 있을 것이다. 마르쿠스 아우렐리우스의 금언, 보카치오의 시, 바그너의 오페라, 터너의 회화 역시 세속 사회의 새로운 성례전(聖禮典)이 될 수 있다는 것이다.

이런 생각의 원인을 따져보면, 이전까지만 해도 정규 교육에 포함된 적이 없었던 분야가 유럽과 미국의 대학 교과과정에 들어가게 되었다는 사실을 알 수 있다. 가령 문학은 이전에는 오

살아가는 방법에 대한 강의는 대학의 교과과정에 들어 있지 않다. 옥스퍼드 대학교의 졸업식.

직 사춘기 소녀나 회복기 환자 정도만이 연구할 정도의 주제라고 여겨졌지만, 19세기 후반기에는 서양의 대학에서 분석의 대상이 될 만큼 진지한 주제로 대두되었던 것이다. 소설과 시의 위신이 새로 정립된 것, 그리고 복음서와 상당히 비슷한 형태인 이런 작품들 역시 정서적인 내러티브 속에서 복잡한 도덕적 메시지를 전달할 수 있으며, 따라서 정서적인 동일시와 자기 반성을 촉구할 수 있다는 것을 사람들이 깨달았기 때문이었다. 1922년에 옥스퍼드 대학교의 머튼 문학 교수인 조지 고든은 취임 강연에서 자기 분야에 떨어진 임무의 무게를 다음과 같이 강조했다. "영국은 병들었습니다. 그리고……영문학은 영국을 반드시 구원해야 합니다. 교회는 (제가 이해한 바에 따르면) 실패하고 말았으며, 사회적 치유는 느리기 때문에, 이제는 영문학이 3중의 기능을 수행하게 되었습니다. 저는 영문학이 우리를 기쁘게 하고, 우리를 가르칠 뿐만 아니라, 다른 무엇보다도 우리의 영혼을 구원하고 이 나라를 치유할 수 있다고 주장하는 바입니다."

4.

문화가 성서를 대신할 수 있다는 주장—가령 이전까지는 시편이 담당하던 역할을 이제는 「미들마치」(조지 엘리엇[1819–1880]이 쓴 소설/역주)가 대신할 수 있다는 것, 또는 한때는 성 아우구스티누스(354–430)의 「신국(神國)」이 채워주던 요구를 이제는 쇼펜하우어(1788–1860)의 에세이가 대신 채워줄 수 있다는 것—은 워낙 불경스러운 데다가 야심만만한 주장이기 때문에 지금까지도 괴짜 같은, 또는 정신 나간 이야기처럼 들린다.

그럼에도 불구하고 이와 같은 주장은 비록 낯설기는 하지만 실제로는 아주 터무니없는 것까지는 아닐 수도 있다. 신앙심 깊은 사람들이 성스러운 경전에서 찾아내는 바로 그런 특성은 문화 예술 작품에서도 발견할 수 있기 때문이다. 역사 소설은 도덕적 교훈과 계몽을 충분히 전달할 수 있다. 위대한 회화는 우리가 갖추어야 할 행복의 필요조건에 관해서 이야기한다. 철학은 우리의 불안을 논의하고 위안을 제공하는 데에 유용하다. 문화 예술 작품의 고전들 속에서도 종교의 윤리적 교훈에 상응하는 것들을 여기저기에서 찾아볼 수 있다.

그렇다면 종교를 문화로 대체한다는 생각, 즉 특정 종교의 신자들이 자신들의 신앙의 교훈을 따라서 살아가는 것처럼 우리는 문학의 교훈을 따라서 살아갈 수 있다는 생각이 여전히 특이한 까닭은 무엇일까? 신앙심 깊은 사람들이 각자의 성스러운 경전에 적용하는 것과 같은 자발성과 엄격함을 무신론자가 문화에 대해서 적용하지 못하는 까닭은 무엇일까?

우리가 결코 그렇게 하지 못하고 있다는 사실을 인식하는 순간, 우리는 현대 세계에서 문화의 최우선 지지자이자 선전자가 행사하는 영향력에 관한 논의로 돌아가게 된다. 여기에서 말하는 그 지지자이자 선전자는 바로 대학이다. 오늘날의 대학이 문화를 널리 전파하는 과정에서 차용하는 방법론은 아널드나 밀처럼 배교자나 회의주의자에 가까운 기독교인이 한때 제시한 강렬하고도 신종교적인 야심과는 근본적으로 배치되는 것이다. 대학은 문화에 관한 사실적인 정보를 전달하는 데에는 매우 전문적인 능력을 획득했지만, 학생들이 그런 사실적인 정보를 지혜의 레퍼토리로 사용하도록 훈련시키는 데에는 전혀 관심이 없다. 여기에서 말하는 지혜의 레퍼토리란, 단순히 사실일 뿐만 아니라 내적으로도 유익한 것들과 관련된 지식을 말한다. 즉 독재적인 상사나 치명적인 간(肝) 손상의 경우에서처럼, 우리가 존재의 무한한 도전에 직면했을 때에 우리에게 위안을 주는 지식을 말한다.

신성한 경전 대신에 우리가 이용할 수 있는 재료는 결코 부족한 적이 없었다. 다만 우리가 그 재료를 엉뚱한 방식으로 다루어왔을 뿐이다. 우리는 세속 문화를 충분히 '종교적으로' 다루고 싶어하지 않는다. 다시 말해서 세속 문화를 인도(引導)의 원천으로 삼고 싶어하지 않는다. 수많은 무신론자들은 종교적 믿음의 내용물에 대해서 너무나 반대해왔기 때문에, 영감을 고취시키고 지금도 타당성이 있는 종교의 전반적인 목표에 대해서 조차 그 진정한 가치를 인정하지 못한다. 그 목표란 살아가는 방법에 대해서 우리에게 잘 조율된 조언을 제공하는 것이다.


5.
교육에 대한 세속적 접근방식과 종교적 접근방식의 차이는 결국 배움의 목적이 무엇이냐는 질문으로 요약된다.

세속 기관에서 문화를 가르치는 일을 담당하는 사람들은 이런 질문에 대해서 짜증을 내는 경향이 있다. 그런 사람들은 가령 왜 우리가 굳이 역사나 문학을 공부해야 하느냐는 질문을 매우 무례하고도 시비조라고 생각하기 때문에, 종종 대답하지 않고 그냥 묵살하기 마련이다. 인문학 분야 학자들은, 가령 기술 및 과학 분야 학과에 있는 동료들의 경우 조급해하는 정부

옥스퍼드 대학교의 중세 문학 전공 학생.

관리나 후원자를 향해서 각자의 연구를 공리적인 차원에서 손쉽게 정당화할 수 있음을 잘 알고 있다(물론 로켓 공학이나 공중위생의 목적이 무엇인지를 한가하게 물어보는 사람이 등장할 가능성은 희박하다). 하지만 인문학 분야의 사람들은 이런 경쟁자들에게 대항하는 효과적인 방법이 없는 것을 두려워한 나머지, 오히려 모호한 태도를 보이거나 침묵 속으로 도피하는 경향이 있다. 그저 약간의 위신만 유지하고 있어도 자신들의 존재 이유를 모호하게 한 채로 지나갈 수 있다는 사실을 신중한 계산 끝에 깨달은 까닭이다.

문화는 타당성이 있고 유용해야 한다고 주장하는, 즉 문화가 경력의 선택이나 결혼 생활의 지속이나 성적 충동의 억제나 의학적 사형 선고에 대한 대처법 등에 관해서 조언해야 한다고 주장하는 사람들을 상대해야 할 경우, 문화의 수호자들은 경멸적인 태도를 취한다. 이들이 생각하는 이상적인 청중이란 바로 학생들, 특히 드라마 같은 것에 빠져들지 않는 경향의 학생들이다. 이런 학생들은 성숙하고, 자주적이며, 일시적으로나마 답변 대신 질문만을 하면서도 살아갈 수 있으며, 심지어 18세기 노르망디의 농업 생산량이나 칸트의 '실재'의 세계에서 무제약자의 현존 문제 같은 무미건조한 연구를 위해서도 기꺼이 각자의 생계를 제쳐두고 여러 해를 소비할 용의가 있기 때문이다.


6.

그 사이에 기독교는 교육의 목적을 또다른 각도에서 바라본다. 왜냐하면 기독교는 인간의 본성에 관해서 전혀 다른 개념을 가지고 있기 때문이다. 기독교는 우리의 자주성, 또는 우리의 성숙성을 논하는 이론을 결코 용인하지 않는다. 대신 기독교는 우리 인간이 내심 절망적이고 연약하고 죄 많은 피조물이라고 믿는다. 우리가 흔히 생각하는 것보다 훨씬 덜 현명하고, 항상 불안의 경계에 놓여 있고, 인간적 관계로부터 고통을 받고, 죽음을 두려워한다고 믿는다. 따라서 무엇보다도 우리가 하느님을 필요로 한다고 믿는다.

그렇다면 이처럼 절망적인 우리 인간에게는 어떤 종류의 교육이 유익할까? 기독교에서는 추상적인 사고의 능력을 결코 불명예스럽다고 간주하지 않았고, 오히려 그것이야말로 거룩한 은총의 잠재적인 징조일 수도 있다고 생각했다. 하지만 우리의 동요하고 망설이는 자아에 위안과 자양분이 되는 생각을 보내주는 더 실용적인 능력에 비하면, 추상적인 사고의 능력은 오히려 부차적인 중요성만이 있다고 여겼다.

우리는 세속 대학에서 가르치는 역사, 인류학, 문학, 철학과 같은 인문학의 주요 범주에 대해서 상당히 친숙하며 그런 범주에서 제시하는 종류의 시험 문제에 대해서도 상당히 친숙하다. 카롤링거 왕조의 사람들은 누구였는가? 현상학은 어디에서 기원했는가? 에머슨이 원한 바는 무엇이었는가? 우리는 이런 도식이 우리 성격의 정서적인 측면의 발달을 자발적으로, 또는 최소한 개인적으로—가령 우리가 가족과 함께 있을 때, 또는 교외에서 혼자 산책할 때에—가능하게 한다는 것을 잘 알고 있다.

이와 반대로 기독교는 애초부터 우리 내면의 혼돈 상태에 상당한 관심을 보였다. 기독교는 그 누구도 살아가는 방법을 처음부터 알고 태어나지는 않는다고 주장한다. 우리는 본성적으로 나약하고, 변덕스럽고, 공감이 어렵고, 자신이 전능하다는 환상에 사로잡혀 있으며, 세속 교육에서 교육론의 출발점으로 간주하는 양식과 냉정조차도 결코 다스릴 수가 없다.

기독교는 우리의 일부분을 돕는 일에 초점을 맞춘다. 그 일부분이란 세속의 언어로는 표현하기 어려운 것이다. 엄밀하게 말하면 지성이나 감정도 아니고, 성격이나 인성도 아니지만, 그러면서도 이 모두와 느슨하게나마 연결되어 있고, 또 한편으로는 추가적인 윤리적, 초월적 차원에 의해서 이 모두와 구분되는 것이다. 기독교의 용어를 따라서 우리는 그 일부분을 '영혼'이라고 할 수 있을 것이다. 기독교의 교육 제도의 본질적인 임무는 우리의 영혼에 자양분을 주고 영혼을 위안하고 인도하는 것이었다.

기독교는 그 역사 내내 영혼의 본성이 무엇인지에 관한 긴 토론에 몰두해왔다. 가령 그 모습이 어떠한 것인지, 그 위치는 어디에 있는지, 그 교육은 어떤 방법이 최선인지 등에 관해서 숙고한 것이다. 원래 신학자들은 영혼이라는 것이 인간이 출생하는 순간에 하느님이 아기의 입에 넣어주는 것이며, 그 모양은 미니어처 아기와 닮았다고 생각했다.

개인의 삶이 끝나는 순간, 즉 사람이 사망하는 순간에 이 영혼아기는 그의 입을 통해서 다시 밖으로 나온다. 몸에서 나온 이 영혼아기가 이후에 가는 길은 이전보다 더 모호하다. 몸의 소유주가 평생 동안 이 영혼아기를 잘 보살폈는지 못 보살폈는지 여부에 따라서 영혼아기는 하느님에게 돌아가기도 하고 악마에게 채여가기도 한다. 착한 영혼은 존재의 거대한 질문과 긴장에 대해서 적절한 답변을 찾아내는 데에 성공한 영혼이다.

인간은 각자의 속에 있는 영혼아기를 교육시켜야 한다. 하느님이 인간의 입 속으로
영혼아기를 집어넣고 있다. 15세기 성서의 채색 삽화.

이런 영혼은 신앙과 희망과 자비와 사랑 같은 경건한 미덕들을 특징으로 한다.

우리의 영혼이 정확히 무엇을 필요로 하는지에 관해서는 기독교의 견해와 우리의 견해가 다를 수도 있다. 그러나 기독교의 견해의 배후에 있는 도발적인 논제까지 무시하기는 어렵다. 왜냐하면 이 논제는 종교적 영역에서나 세속적 영역에서나 모두 타당하기 때문이다. 즉 우리의 몸 안에는 귀중하고 순수하지만 취약한 핵심이 있으며, 우리의 평생에 걸친 파란만장한 여정 동안 우리는 그 핵심에 자양분을 주어 길러야 한다.

따라서 기독교는 그 자체의 기준에 따라서 다음과 같은 뚜렷한 질문을 교육적으로 강조하는 것말고는 다른 선택의 여지가 없다. 우리는 어떻게 해야 함께 살아갈 수 있을까? 우리는 어떻게 해야 다른 사람의 잘못에 관대할 수 있을까? 우리는 어떻게 해야 자신의 한계를 받아들이고 자신의 분노를 진정시킬 수 있을까? 이때에는 어느 정도의 다급한 교훈주의가 모욕이라고 하기보다는 오히려 필요한 것 같다. 기독교 교육과 세속 교육의 차이는 각각의 가르침 특유의 형식에서 뚜렷하게 모습을 드러낸다. 세속 교육은 '강의'를 통해서 전달되고, 기독교 교육은 '설교'를 통해서 전달된다. 각각의 의도를 기준으로 삼으면, 그중 하나가 우리에게 정보를 전달하는 것에만 관심을 둔 반면, 또 하나는 우리의 삶을 바꾸는 것에만 관심을 두었다고 할 수 있다. 18세기 영국의 가장 유명한 설교자였던 존 웨슬리(1703-1791)의 설교 제목만 살펴보아도, 영혼이 일상적으로 직면하는 다양한 도전에 관해서 실용적인 조언을 제공하려고 했던 기독교의 노력을 알 수 있다. "친절함에 관하여," "부모에게 언제나

15세기 초의 「시간의 책」에 나온 채색 삽화. 죽은 사람의 몸에서 빠져나온 영혼을 차지하기 위해서 악마와 성 미카엘이 싸우고 있다.

순종함에 관하여," "병자를 위문함에 관하여," "편협을 경계함에 관하여" 웨슬리의 설교 내용이 무신론자까지도 매혹시켰을 것 같지는 않지만, 이런 설교는 다른 여느 기독교 문학 작품과 마찬가지로 유용한 표제 아래에서 지식을 범주화하는 데에는 성공을 거두었다.

애초에만 해도 아널드와 밀은 물론이고 다른 사람들은 대학이 세속적 설교를 제공할 수 있을 것이라고 기대했다. 가령 편협함을 피하는 방법이라든지, 병든 사람을 위문할 때에 하면 좋은 말을 찾는 방법을 알려주는 설교 같은 것 말이다. 하지만 대학이라는 배움의 중심지는 교회가 집중해왔던 종류의 인도를 하지는 않았다. 왜냐하면 학계에서는 문화 예술 작품과 개인의 슬픔을 연계시키는 일을 자제해야 한다는 믿음이 있었기 때문이었다. 가령 토머스 하디(1840-1928)의 「더버빌 가의 테스」가 사랑에 관해서 어떤 유용한 것을 우리에게 가르쳐주는지 물어본다든지, 또는 헨리 제임스(1843-1916)의 소설을 교활한 상업주의 세계에서 정직하게 살아가는 것에 관한 우화로도 파악할 수 있다고 이야기하는 것은 대학의 에티켓에 대한 충격적인 모욕이 될 수밖에 없을 것이다.

그러나 우화를 찾아내는 경우, 그것은 어떤 텍스트를 향한 기독교인의 접근방식의 핵심을 보여주는 태도이다. 웨슬리만 하더라도 현대의 대학이 존중할 정도로 상당히 학구적인 인물이었다. 그는 레위기와 마태복음, 코린토 전후서와 루카복음의 구절들을 훤히 꿰뚫고 있었지만, 우화적인 구조에 통합시켜서 청중의 고난을 강조하는 데에 도움이 된다고 여겨질 때에만 그 텍스트를 인용했다. 다른 모든 기독교의 설교자들과 마찬가지로

지식보다는 지혜를 가르치다. 1746년에 요크에서 야외 설교를 하는 존 웨슬리.

웨슬리는 문화를 원칙적으로 도구 따위로 생각했으며, 성서의 어느 구절에서든지 사람들에게 모범이 되고 권장할 만한 보편적 행동 규범을 찾아내려고 노력했다.

세속적인 영역에서도 우리는 옳고 바른 책을 읽을 수는 있지만, 그 책을 향해서 직접적인 질문을 던지지도, 충분히 통속적이고 신종교적인 연구로 나아가지도 못하는 경우가 많다. 왜냐하면 혼란스러워진 우리는 부끄러운 나머지 각자의 내적인 요구의 진정한 본성을 인정하지 못하기 때문이다. 우리는 운명적으로 모호함과 사랑에 빠진다. 또한 위대한 예술은 도덕적 내용을 가져서도 안 되고, 청중을 변화시키려는 열망을 품어서도 안 된다는 모더니스트의 교리를 무비판적으로 받아들인다. 우화적인 방법론에 대한 우리의 저항은 실용성, 교훈주의, 단순성에 대한 혼란스러운 혐오로부터 비롯되며, 또한 어린이가 이해할 수 있는 것이라면 무엇이든지 간에 본질적으로 유치하게 마련이라는 근거 없는 가정으로부터 비롯된다.

그러나 기독교는 우리의 중요한 일부분—그 외관에도 불구하고—이 유년시절 초기의 기본적인 구조를 여전히 간직하고 있다고 주장한다. 따라서 우리는 어린이와 마찬가지로 도움이 필요하다. 음식을 입에 넣기 알맞은 크기로 잘라 먹는 것처럼, 우리는 지식도 반드시 천천히, 그리고 조심스럽게 받아들여야 한다. 하루에 몇 가지 이상의 교훈을 받아들이기만 해도 우리는 몹시 지쳐버리고 만다. 예를 들면 신명기의 경우에는 열두 줄 정도 읽으면 충분할 것이고, 거기서 우리가 각별히 주의하거나 느껴야 하는 내용이 무엇인지를 보다 평이한 언어로 설명한 주석이 몇 개 달려 있으면 유용할 것이다.

학계가 그토록 두려워하는 기술—추상적 관념과 우리의 삶 사이의 관계에 대한 강조, 텍스트에 대한 명료한 해석, 전체보다는 발췌에 대한 선호—이야말로 종교가 주로 사용하던 방법이었다. 텔레비전이 발명되기 이전의 여러 세기 동안, 종교는 가득이나 조급하면서도 산만한 청중에게 자신들의 관념을 생생하고 적절하게 전달하는 방법이 무엇인지를 놓고 고심해왔다. 그런 과정에서 종교가 직면한 가장 큰 위험은 개념에 대한 지나친 단순화가 아니라, 오히려 몰이해와 무관심에서 비롯된 관심과 지지의 저하라는 것을 종교는 깨달았다. 그리고 명료함이 관념을 손상시키기는커녕 오히려 지켜준다는 사실을 깨달았다. 왜냐하면 명료함은 결과적으로 엘리트의 지적 노동이 자리잡을 수 있는 토대를 만들어주기 때문이다. 기독교는 자신의 교훈이 여러 계층에서 이해될 수 있을 만큼 강건하다는 사실을 확신한다. 그리고 그 교훈이 조잡한 목판화의 형태로 시골 교회의 서민에게 전달될 수도 있으며, 동시에 볼로냐 대학교에서 신학자들에 의해서 라틴어로 논의될 수도 있다는 사실을 확신한다. 그리고 그 교훈이 반복될 때마다 다른 교훈들을 승인하고 강화하게 된다는 사실을 확신한다.

존 웨슬리는 자신의 설교 모음집 서문에서 단순성을 향한 자신의 집착을 다음과 같이 설명하고 옹호했다. "나는 평범한 사람들을 위해서 평범한 진실을 목표로 삼았다. ……나는 멋있고 철학적인 사변을 모조리 제거해버렸다. 복잡하고 난해한 추론을 모조리 제거해버렸다. 심지어 학식을 드러내는 것조차도 가급적 모조리 제거해버렸다. 나의 목표는……내가 평생 동안 읽은 것을 모조리 잊어버리는 것이다."

세속 작가 중에서도 이와 유사하게 영감을 고취하는 개방성을 표출할 수 있었던 사람은 소수에 불과하다. 정신분석 분야에서는 도널드 위니콧(1896–1971), 그리고 문학 분야에서는 랠프 월도 에머슨(1803–1882) 정도가 그런 인물일 것이다. 하지만 이런 인물은 안타까울 정도로 그 수가 적었으며, 대부분은 또한 종교적 배경을 이용해서 각자의 감수성의 틀과 버팀벽으로 삼았다(위니콧은 본래 감리교도였고, 에머슨은 초절주의자였다).

　기독교의 가장 위대한 설교자들은 본질적으로 '통속적'이었다. 그들의 주장에서는 복잡성이나 통찰을 전혀 찾아볼 수 없었으나, 그들은 설교를 들으러 오는 사람들을 막연히 돕고 싶어했다.


7.

이와는 대조적으로 우리가 세운 지적 세계에서는, 가장 유명한 기관에서조차도 영혼에 관해서 가장 진지한 질문을 내놓은 일도 거의 없으며, 따라서 답변을 내놓는 일도 없다. 이런 상황의 모순을 지적하기 위해서는 일단 우리의 대학들을 자세하게 들여다보는 것으로 시작해야 한다. 예를 들면 역사와 문학 같은 분야를 폐지하는 것이다. 왜냐하면 이런 분야는 매우 귀중한 재료를 다루고 있지만, 궁극적으로는 피상적인 범주일 뿐이고, 그 자체로서 우리의 영혼을 가장 괴롭히거나 매료시키는 테마를 추적하지 않기 때문이다.

　이렇게 해서 다시 설계된 미래의 대학은 일찍이 전통적인 대학이 다루었던 것과 똑같이 문화의 풍부한 카탈로그를 가지게 될

잠드는 사람은 거의 없을 것이다.

것이다. 또 과거처럼 소설, 역사, 희곡, 회화의 연구를 장려해야 할 것이다. 하지만 미래의 대학이 이런 재료를 가르치는 목적은 단순히 학문적 목표를 성취하기 위해서라기보다는 오히려 학생들의 삶을 조명하기 위해서일 것이다. 예를 들면 「안나 카레니나」와 「마담 보바리」는 19세기 소설의 서사적 경향에 초점을 맞춘 강의 교재가 아니라, 오히려 결혼의 긴장과 갈등 관계를 이해하기 위한 강의 교재로 사용되어야 할 것이다. 마찬가지로 에피쿠로스(341–270 B. C. : 소박한 즐거움, 우정, 은둔 등에 관한 윤리 철학을 창시한 그리스 철학자/역주)와 세네카의 저서는 헬레니즘 철학에 관한 강의보다는 오히려 죽음에 관한 강의 개요에나 등장하게 될 것이다.

학과는 우리의 삶이 직면하는 갖가지 문제를 필수적으로 다루게 될 것이다. 지금은 졸업식 축사에서나 마치 유령처럼 떠도는 도움과 변화의 관념은 비로소 형체를 갖추게 되고, 교회에서 그렇듯이 세속 기관에서도 공개적으로 탐구될 것이다. 여러 가지 강의 주제들 가운데에는 혼자 있는 것, 자기 직업을 다시 생각하는 것, 자녀와의 관계를 향상시키는 것, 자연과 다시 접촉하는 것, 질병에 대처하는 것에 관한 주제도 있을 것이다. 세속 시대에 존재하는 문화적 인공물로서의 진정한 의무에 충실한 대학이라면 곧장 인간관계학과, 사망연구소, 자기인식 센터 등을 만들어야 할 것이다.

아널드와 밀이 무척 원했을 것 같은 이런 방식을 통해서, 세속 교육은 적절성에 대한 두려움에서 벗어나기 시작할 것이며, 교과과정을 다시 설계하여 우리의 가장 절박한 개인적, 윤리적 딜레마를 직접적으로 다루게 될 것이다.

## ii. 어떻게 가르침을 받아야 하는가


1.

종교에서 얻은 통찰에 의거하여 대학 교육을 재편하는 경우, 단순히 교과과정의 변경뿐만이 아니라, 교과과정 못지않게 중요하다고 할 수 있는 가르치는 방법의 변경도 이루어져야 한다.

초기부터 기독교의 방법은 단순하면서도 본질적인 한 가지 고찰—그럼에도 불구하고 세속 교육자들에게는 그다지 깊은 인상을 남기지 못한—에 의해서 주도되었다. 바로 우리가 너무나 잘 잊는다는 점에 대한 고찰이었다.

기독교 신학자들은 우리의 영혼이 고대 그리스 철학자들이 말한 아크라시아(akrasia)로부터 고통을 당한다는 사실을 잘 알고 있었다. 그것은 우리가 마땅히 해야 할 일을 알면서도 번번이 그 일을 하기 싫어하는—의지의 나약함 때문이거나 방심 때문이거나 간에—혼란스러운 성향을 말한다. 우리는 모두 지혜를 가지고 있지만, 정작 그 지혜를 삶에서 실천할 힘은 부족하다. 기독교는 정신을 게으르고 변덕스러운 기관(器官)으로 묘사한다. 정신은 쉽게 감명을 받기도 하지만, 계속해서 초점을 바꾸거나 서약을 내던져버리는 성향도 있다. 따라서 종교는 이렇게 주장한다. 교육의 핵심 이슈는 단순히 무지를 없애는 것—이는 세속 교육자들도 암시하는 것이다—뿐만 아니라, 어떤 관념을 이론적으로는 완전히 이해하면서도 정작 그 관념대로 실천하기는 싫어하는 우리의 성향과 싸우는 것이 되어야 한다는 것이다. 이는 모든 교훈이 이성(로고스)과 감성(파토

스) 모두에 호소해야만 한다고 주장한다는 점에서 그리스의 소
피스트의 견해를 따르는 셈이다. 웅변가는 증명하고(프로바레),
즐겁게 하고(델렉타레), 설득하는(플렉테레) 3중의 능력이 있어
야 한다고 주장하는 키케로(106-43 B.C. : 고대 로마의 정치가, 철학
자, 웅변가/역주)의 충고를 승인하는 셈이다. 세계를 뒤흔들 발상
을 우물거리며 말하는 것은 정당하지가 않다는 것이다.


2.
그러나 세속적 대학 교육을 옹호하는 사람들 가운데 아크라시
아를 걱정하는 경우는 드물다. 그들은 금융이나 시장조사 분
야에서 50년간 경력을 쌓은 사람이더라도, 겨우 20세 때에 텅
빈 강의실에서 단조롭게 중얼거리는 어느 강사의 말을 통해서
기껏해야 한두 번 들은 개념에 의해서도 절절한 감동을 받을
수 있다고 은근히 주장한다. 이런 견해에 따르면, 생각이라는
것은 마치 뒤집힌 핸드백 속의 내용물과 똑같이 무작위적으로
우리의 정신에서 튀어나올 수 있다. 또한 사용설명서처럼 진부
하고 우아하지 못하지만, 지적 노력의 전체 목적을 위협하지 않
고서도 표현될 수 있다는 것이다. 정직하게 생각하는 것보다는
오히려 말을 잘하는 것에 더 관심을 두는 그리스의 소피스트를
플라톤이 공격한 이래로, 서양의 지식인들은 언변—말이건 글
이건 간에—에 대해서 철저하게 의구심을 품어왔다. 왜냐하면
언변을 목적으로 하는 교육법에서는 자칫 용인될 수 없거나 무
의미한 생각조차도 달콤한 말로 치장되는 불공정한 행위가 벌
어질 수 있다고 믿었기 때문이다. 어떤 생각의 질에 비하면 그

생각이 전달되는 방법은 별로 중요하지 않다고 간주되었다. 따라서 현대의 대학에서는 웅변의 재능을 높이 평가하지 않으며, 진리의 성공적이고 지속적인 전달을 보장하는 기술보다는 오히려 진리 그 자체에 대한 관심을 더욱 자랑한다.

현대의 한 대학 강사가 사망했는데, 사람들이 그의 시신을 탁자 위에 묶어놓고, 목을 칼로 절개해서, 성대와 혀와 아래턱을 떼어낸 다음에, 보석으로 장식한 황금 보관함에 담아서, 그의 천재적인 웅변술을 기리기 위해서 지은 기념관의 한가운데 있는 벽감에 넣어 전시한다고 하자. 지금으로서는 상상조차 할 수 없는 일이겠지만, 13세기의 프란체스코회 수사인 파도바의 성 안토니우스의 운명이 바로 그러했다. 그는 예외적으로 뛰어난 연설 재능과 정력 덕분에 성인의 지위까지 올랐으며, 지금까지도 그의 고향 성당에 전시되어 있는 그의 발성기관은 여전히 전 세계 기독교 국가의 순례자를 불러모으고 있다. 전설에 따르면 안토니우스는 평생 1만 회나 설교를 했으며, 최악의 확신범들의 마음도 녹여버리는 능력의 소유자였다. 심지어 하루는 그가 리미니의 바닷가에 서서 특별히 누구를 겨냥한 것도 아니고 혼잣말처럼 설교하기 시작했는데, 얼마 지나지 않아서 호기심을 느낀 사람은 물론이고 심지어 물고기까지도 그 주위로 몰려들었다고 한다.


3.
성 안토니우스는 기독교 웅변술의 길고도 자기의식적인 전통에서 단 한 가지 사례에 불과하다. 재커비언, 곧 제임스 1세 시대의

오늘날의 대학 교수들에게는 일어나지 않는 일이다. 파도바의 성 안토니우스의 아래턱이 들어 있는 성물함. 파도바 소재의 성 안토니우스 성당 소장. 1350년경 제작.

성 안토니우스가 잉어 떼에게 설교하고 있다. 16세기의 채색 삽화 필사본.

시인이자 세인트 폴 대성당의 수석 사제였던 존 던(1573-1631 : 형이상파의 선구자가 된 영국 국교도 시인/역주)의 설교는 비교적 설득력이 뛰어나다는 평가를 받았으며, 복잡한 관념을 전혀 힘들이지 않고 명료하게 설명한다는 인상을 주었다. 설교 도중에 청중이 지루함을 느낄 수 있다고 예견한 던은 몇 단락에 한 번씩 이야기를 멈추고, 청중의 산만해지기 쉬운 정신에 새겨지기 좋도록 직접 고안한 구절들을 이용하여 그 내용을 요약해주었다.("나이는 질병이요, 젊음은 복병이다.") 다른 모든 뛰어난 금언가들과 마찬가지로, 그는 대립되는 내용 두 가지를 나란히 엮어 사용하기를 좋아했는데 ("여러분이 당연한 두려움을 회피한다면, 여러분은 진정한 사랑도 회피하게 된다.") 여기에다가 특유의 시적 감수성이 더해지면서, 좀처럼 보기 드문 형용사의 비행운(飛行雲)을 따라 높이 솟아오르다가도 갑자기 짤막한 소박하고도 단순한 경구를 회중에게 던질 수 있었다.("누구를 위하여 종은 울리나 알아보려고 사람을 보내지 말라. 그것은 그대를 위해 울리나니.") 그는 교사 특유의 현학을 전혀 드러내지 않은 채로 청중과 직접 마주했다. 청중은 그가 말하는 생각의 진실성을 훨씬 더 강렬하게 느낄 수 있었다. 왜냐하면 결점도 있었지만 매력적인 인간이었던 그가 말하는 내용이었기 때문이다.("나는 내 방에 엎드려, 하느님과 당신의 천사를 초대했으나, 그들이 그곳에 오자마자 나는 하느님과 당신의 천사를 등한시하였으니, 파리 한 마리의 소음 때문이었으며, 마차의 덜그럭거리는 소리 때문이었으며, 문의 삐걱거리는 소리 때문이었다네.")

보다 최근에 와서는 아프리카계 미국인 설교자들, 특히 오순절 교파와 침례교파의 설교자들 덕분에 기독교의 웅변술 전통이 더욱 발전하게 되었다. 미국 전역의 교회에서, 주일 설교라는 것은 저 앞의 설교대에서 성직자가 단조로운 음성으로 선한 사마리아인 이야기를 낱낱이 설파하는 동안 신자들은 한쪽 눈으로는 시계를 훔쳐보며 앉아 있어야 하는 시간을 의미하지 않는다. 오히려 그들은 각자의 마음을 열고, 옆 사람과 손을 마주 잡고, "옳습니다"나 "아멘, 목사님"을 큰 소리로 외치며, 성령이 그들의 영혼 속에 들어오도록 허락하고, 마침내 무아지경에 빠져 통곡하다가 경련을 일으키고 쓰러지게 되는 것이다. 무대에서는 설교자가 부름과 응답 형식으로 계속 질문을 던져서 회중의 열광에 불을 지핀다. 이 질문은 일상어의 표현과 킹 제임스 성경의 어휘가 뒤섞여서 마치 최면술과 같은 효과를 자아낸다. "여러분, '아멘'으로 화답하시겠습니까? 묻겠습니다. 여러분, '아멘'으로 화답하시겠습니까?"

원래부터 강렬한 어떤 주장이 있을 경우, 무려 500명이나 되는 사람이 걸핏하면 한 목소리로 이렇게 소리를 지르게 되면 그 강렬함은 극대화될 수 있을 것이다.

"……감사합니다, 예수여."
"……감사합니다, 구세주여."
"……감사합니다, 그리스도여."
"……감사합니다, 주님."

그빌의 뉴 비전 침례교회의 무대에서 등장하는
적 주장 앞에서는 거의 저항할 엄두조차 나지

"오늘 우리 중 누구도 감옥에 있지 않습니다."

("아멘, 옳습니다, 아멘, 목사님" 하고 회중이 말한다.)

"주여, 자비를 베푸소서."

("아멘.")

"형제님들, 자매님들, 따라서 이제 우리는 마음속의 감옥에도 있지 않아야 합니다."

("아멘, 목사님.")

"제 말뜻 아시겠습니까, 우리 형제님들, 그리고 자매님들?"

("아멘, 아멘, 아멘!")

인문학 분야의 전형적인 강의에 비추어볼 때에 이보다 더 대조적인 것은 찾기 어려울 것이다. 또한 이보다 더 불필요할 수도 없을 것이다. 학계의 거드름 피우는 태도는 과연 어떤 목적에 도움을 준다고 할 수 있을까? 그러나 만약 100명의 강력하고도 열광적인 합창단이 그 문장들을 하나하나 소리 높여 찬양할 경우, 몽테뉴의 에세이에 담긴 의미의 범위는 훨씬 더 확장될 수 있지 않을까? 부름과 응답 형식의 리드미컬한 가사로 이루어지기만 했더라도, 루소의 철학적 진리는 우리의 의식 속에 훨씬 더 오래 머무를 수 있지 않을까? 인문학 강사를 아프리카계 미국인 오순절 교파 설교자에게 보내 훈련을 시키지 않는 한, 세속 교육은 결코 그 잠재력을 실현시키는 데에 성공하지 못할 것이다. 오직 그런 다음에야 소심한 우리의 교육자들은 자신의 금기 의식에서 벗어나 시인 키츠(1795–1821)나 경제학자 애덤 스미스(1723–1790)를 강연하는 도중에도, 예의범절에 관한 허위의식에 얽매이는 일이 없이, 혼수상태에 빠진 청중을 향해서

월트 휘트먼에 관한 강의도 이처럼 감동적일 수 있을까?

이렇게 외칠 수 있을 것이다. "제 말뜻 아시겠습니까? 묻겠습니다. 제 말뜻 아시겠습니까?" 오직 그런 '뒤'에야 눈물범벅이 된 학생들은 기꺼이 무릎을 꿇고, 이 세상에서 가장 중요한 관념들 중의 일부의 영(靈)이 자신들 속에 들어와 자신들을 변화시킬 수 있도록 할 것이다.


4.

관념은 언변으로 전달되어야 할 필요가 있을 뿐만 아니라, 우리에게 지속적으로 반복되어 전달되어야 할 필요도 있다. 하루에 세 번씩, 또는 다섯 번씩, 또는 열 번씩이라도 반드시 우리가 사랑하는—그러나 다른 사람들은 결코 파악하지 못하는—진리를 강제적으로라도 기억해야 한다. 우리는 오전 9시에 읽은 내용을 점심때쯤에는 잊어버리기 때문에, 저녁이 되면 다시 읽어야 할 필요가 있다. 우리의 내적인 삶이 반드시 체계를 이루고, 우리의 최선의 사고가 반드시 강화되어야만, 산만과 분열의 지속적인 인력(引力)에 맞설 수 있다.

종교는 너무나 현명했기 때문에 정교한 달력과 일과표를 만들어놓았다. 이를 이용하여 종교는 그 신자의 삶 속에서 무척 길고 무척 깊은 영향력을 행사할 수 있었다. 단 한 달, 단 하루, 단 한 시간도 정확하게 계량된 만큼의 관념의 태블릿을 복용하지 않고 넘어가는 경우가 없었다. 충실한 신자들을 향해서 매 순간마다 무엇을 읽으라, 생각하라, 노래하라, 행하라고 구체적으로 말해줌으로써, 종교의 어젠다는 그 즉시 숭고할 정도로 강박적이면서도 냉정할 만큼 철저하게 되었다. 가령 기도서에 따르면, 신자들은 삼위일체 축일 후의 26번째 일요일 저녁 6시 30분에 모여서, 촛불에 비친 그림자가 성당 벽에 드리워진 가운데, 제2정경[외경] 바룩 서(書)의 제2장 낭독에 귀를 기울여야만 한다. 마찬가지로 1월 25일에는 성 바울의 회심(回心)에 관해서 생각해야 하며, 7월 2일 오전에는 복 되신 성모 마리아의 방문 축일을 숙고해야 하며, 욥기 제3장의 도덕적 교훈을 받아들여야만 한다. 가톨릭 교도의 경우에는 일과표가 훨씬 더 엄한 편이었으니, 그들은 매일 최소한 일과 사이마다 7회 이상의 기도 시간이 정해져 있었다. 가령 매일 저녁 10시마다 각자의 양심을 돌아보고, 시편을 읽고, '인 마누스 투아스, 도미네'(In manus tuas, Domine : 당신의 손에 드나이다, 주여)를 외우고, 루카복음 제2장의 '눈크 디미티스'(Nunc dimittis : 시메온의 노래 "주님, 지금 당신 종을 평화로이 떠나게 해주소서"로 시작되는 감사의 기도/역주)를 노래하고, 예수의 어머니에게 바치는 성모송("성모여 이제와 우리 죽을 때에, 우리 죄인을 위하여 빌어주소서")으로 마무리해야 했다.

이와는 대조적으로 세속 사회는 얼마나 우리를 자유롭게 놓아두는가? 세속 사회는 우리가 각자에게 중요한 관념으로 향하는 길을 자발적으로 찾을 것이라고 기대하고, 소비와 휴식을 위해서 우리에게 주말을 부여한다. 과학의 경우와 마찬가지로, 세속 사회는 발견을 우대한다. 세속 사회는 반복을 심각한 결점으로 간주하며, 그 대신 새로운 정보의 지속적인 흐름을 우리에게 제공한다. 따라서 세속 사회는 우리가 모든 것을 잊어버리도록 촉구한다.

가령 우리는 새로 상영되는 영화를 보기 위해서 극장에 가야

## 16

Table III
## ORDER FOR GOSPEL READING
## FOR SUNDAYS IN ORDINARY TIME

Luke's Gospel represents Jesus' journey from Galilee to Jerusalem – a journey which is completed in the Acts of the Apostles by the journey of the Church from Jerusalem 'to the ends of the earth'. The Lectionary in the year of Luke represents faithfully his 'Travel Narrative' (chapters 9-19) – Jesus' journey to death, to resurrection and his return to the Father (see

## 17

## YEAR C: YEAR OF LUKE

Sundays 13-31). Luke's vision of the journey is not geographical or chronological. Rather it is seen as a journey for the whole Church and for the individual christian, a journey towards suffering and glory. Each Gospel passage should mean a great deal more to preacher and reader when it is seen in the context of the whole programme of readings for Year C.

Note: Passages marked with an asterisk are found only in the Gospel of Luke.

우리들은 무엇이든지 다시 읽어야만 비로소 기억하게 된다. 가톨릭의 성서 읽기 일과표.

한다고 꼬임을 당한다. 영화를 봄으로써 우리는 결국 절묘하게 고조된 감정, 슬픔, 흥분에 도달하게 된다. 극장을 떠나면서 우리는 스크린에 투사된 가치에 근거하여 자신의 전 존재를 재평가하기로, 그리고 자신의 타락과 성마름을 없애기로 작정한다. 하지만 다음날 저녁만 되면, 그러니까 온종일 이런저런 모임을 가지고 짜증나는 일을 겪은 뒤에는, 우리의 영화적 경험은 이미 망각의 길로 향하게 된다. 한때 우리에게 감명을 주었지만, 결국 금세 잊혀지고 말았던 다른 모든 것과 같은 운명을 맞이하는 것이다. 에페소스의 유적이 보여주는 웅장함, 시나이 산에서 바라본 풍경, 에든버러에서의 시 낭송회, 톨스토이의 「이반 일리히의 죽음」을 통독한 순간에 느낀 기분 같은 것들이 그렇다. 결국 현대의 모든 예술가는 흔히 요리사가 겪게 되는 상황과 비슷한 상황을 겪는 셈이다. 그들의 작품 자체는 훼손되지 않지만, 그들을 향한 대중의 반응은 훼손되기 때문이다. 우리는 문화의 힘을 존경하면서도, 정작 그 개별 기념물을 스스로도 놀랄 만큼 쉽게 잊어버린다는 사실은 거의 인정하지 않는다. 가령 어떤 걸작 소설을 읽은 지 불과 세 달 만에, 우리는 그 작품에 나오는 장면이나 구절을 단 하나도 기억하지 못할 수 있다.

우리가 좋아하는 세속의 책들은 한번에 처음부터 끝까지 다 읽어치우는 것이 얼마나 부적절한 일인지를 굳이 경고해주지 않는다. 우리가 그 책들을 다시 읽어야만 하는 때가 어느 해의 어느 날인지를 구체적으로 알려주지도 않는다. 이에 비해 거룩한 책들은 200명의 다른 사람들과 함께, 오르간 반주가 울려 퍼지는 가운데 우리가 그렇게 읽어야 하는 날을 알려준다. 복음서에서만큼 많은 지혜를 안톤 체호프의 단편소설에서도 찾아볼 수는 있을지 몰라도, 그 속에는 독자들이 얻은 통찰을 정기적으로 다시 살펴볼 날이 되었음을 독자들에게 상기시키는 일과표는 수록되어 있지 않다. 만약 세속 저자들의 작품을 가지고 전례를 만들려고 한다면, 우리는 대단한 비난을 받을 수밖에 없을 것이다. 기껏해야 우리는 그 책에서 가장 마음에 드는 몇 구절에 밑줄을 그어놓았다가, 택시를 기다리거나 하는 한가한 시간에 가끔 한번씩 머릿속에 떠올려볼 뿐이다.

여러 신앙의 추종자들은 이런 금기를 전혀 느끼지 않을 것이다. 가령 유대인은 월요일과 목요일마다 모세 오경을 정해진 순서에 따라서 한 번에 두 부분씩 큰 목소리로 읽는 의식이 있는데, 이 의식은 기원전 537년에 바빌로니아에서의 포로 생활이 끝난 이후로 그들의 종교의 핵심이 되었다. 히브리 달력에서 티시레이라는 달의 22일은 심하트 토라(Simchat Torah)라는 기념일인데, 이날은 모세 오경의 통독을 끝낸 뒤에 다시 한번 새로 시작하는 것을 기념하는 날이다. 즉 모세 오경의 마지막 권인 신명기의 마지막 장을 읽고 모세 오경의 첫 권인 창세기의 첫 장을 연이어 낭송하는 것이다. 회중 가운데 한 사람씩을 골라서 한 장씩을 읽게 하는데, 특이하게도 그중에서 신명기 34장 1-12절을 읽는 사람은 하탄 토라(Chatan Torah, 토라의 신랑)라고 부르고, 창세기 1장을 읽는 사람은 하탄 베레시트(Chatan Bereshit, 창세기의 신랑)라고 부른다. 물론 세속 사회에도 책을 사랑하는 사람이야 있지만, 위의 경우와 비교하면 참으로 빛이 바랠 수밖에 없다. 왜냐하면 이 두 신랑들은 회당 주위를 일곱 바퀴 돌면서 각자의 기쁨을 노래하고, "호시아 나"(Hoshiah na : 우리를 구원하소서)라고 하느님에게 간구한다. 그리고 나머지 사람들은 깃발을 흔들고, 서로 입을 맞추고, 같이 있는 아이들에게 사탕과자를 듬뿍 선물하기 때문이다. 가령 마르셀 프루스트의 「잃어버린 시간을 찾아서」의 마지막 권인 「되찾은 시간」의 마지막 장을 넘기는 순간, 우리가 그 시리즈의 첫 권인 「스완네 가는 길」의 신랑(히브리어로 표현하면 하탄 베레시트 셸 바차드 셸 스완[Chatan Bereshit shel betzad shel Swann]쯤 되겠다)이 되는 영광을 누리고 싶어한다고 치면, 이 사회는 우리를 상당히 특이한 인간으로 여길 것이니, 얼마나 안타까운 일일까?

5.

물론 세속의 삶이라고 해서 달력과 일과표가 전혀 없는 것은 아니다. 우리는 우리와 업무와 관련해서 익히 알고 있는 그런 것들이 점심 회동이며 자금 사정이며 세금 납부기한 등을 미리 알려주는 장점들도 충분히 잘 알고 있다. 하지만 우리는 월트 휘트먼과 마르쿠스 아우렐리우스를 다시 읽을 차례를 지정받는 것은 자신의 의지에 대한 침해라고 느끼게 된다. 설령 「풀잎」이나 「명상록」을 읽고 감동하더라도, 또한 이 책들이 우리의 삶에 진정한 영향력을 행사하기를 바라더라도, 우리는 굳이 그 작품을 매일 다시 읽을 필요가 있다고는 결코 생각하지 않는다. 어떤 관념과 구조적인 만남을 강요당함으로써 우리가 질식할 듯한 심적 상황에 처하는 것에 비하면, 그렇게 자주 접하지 않음으로써 결국 어떤 관념을 완전히 잊어버릴 것이라는 위험은 그다지 놀라운 것이 아니기 때문이다.

물론 실제로 우리는 무엇인가를 완전히 잊어버릴 수 있다. 현대 세계에는 갖가지 자극이 가득하며, 그런 자극 중에서도 가장 강렬한 것은 우리가 이른바 "뉴스"라는 용어로 포착하는 일종의 급류이다. 이 실체가 세속의 영역에서 차지하는 위상은 종교 영역에서 전례력이 차지하는 위상과 같다. 뉴스의 주요 급보 역시 정확성을 꾀하면서 일종의 성무일도(聖務日禱)의 형식을 따르고 있다. 가령 조과(朝課)는 아침 뉴스가 되고, 만과(晩課)는 저녁 뉴스가 된 셈이다.

뉴스의 위상은 우리의 삶이 계속해서 결정적인 변화의 가장자리에 놓여 있다는 묵언의 가정에 근거한 것이다. 이런 변화의 원인은 현대 역사의 두 가지 추진력, 바로 정치와 기술이다. 따라서 지구상에는 광섬유 케이블이 이리저리 깔려야 하고, 공항의 대합실마다 모니터가 설치되어야 하며, 대도시의 광장마다 주가를 표시하는 전광판이 세워져야 한다는 것이다.

이와는 대조적으로 종교에서는 뉴스 보도를 통해서 통찰을 바꾸거나 얻어야 할 필요가 거의 없다. 위대하고 영속적인 진리란 휴대용 스크린에서 시시각각으로 변하는 것이라기보다는, 오히려 양피지에 적어놓거나 돌에 새겨놓을 수 있는 것이다. 16억 명의 불교도에게는 세계를 바꿔놓을 정도의 중요성을 지닌 뉴스가 기원전 483년 이래로 하나도 없었다. 기독교도의 경우에도 역사상 가장 중대한 사건들은 30년의 부활 주일 즈음에 이미 닥쳐왔으며, 유대인의 경우에도 70년에 로마의 장군 티투스에 의해서 제2신전이 파괴된 직후가 바로 그런 시기에 해당한다.

비록 종교가 우리를 위해서 준비해놓은 구체적인 메시지에 대해서는 우리의 의견이 일치하지 않더라도, 최소한 새로운 것을 적극적으로 좋아하는 성향 때문에 우리가 대가를 치르고 있음은 순순히 인정할 수 있다. 우리는 때때로 그런 상실의 성격을 감지하게 된다. 예를 들면, 어느 날 저녁, 새로운 철도의 개통에 관한 보도라든지, 이민에 관한 토론의 까다로운 결론을 접하고 나서 마침내 텔레비전을 끈 순간이 바로 그런 때이다. 결국 우리는 기술적이고 정치적인 완벽을 지향하는 인간의 야심만만한 진보에 관한 이야기를 듣는 대신에, 우리가 비록 이론상으로는 알고 있지만 실제로는 삶 속에서 잊어버리고 있었던 보다 조용한 진리들을 스스로에게 기억시킬 수 있는 기회를 잃어버리고 있는 것을 깨닫게 된다.


6.

문화에 대한 우리의 특이한 접근방식에 따라서, 이제 교육 분야뿐만 아니라 그 인접 분야들도 살펴보자. 가령 책의 제작과 판매 분야에서도 꽤 의심스러운 여러 가지 가정을 할 수 있다.

여기서도 우리는 실제로 흡수할 수 있는 것보다도 무한히 더 많은 자료를 다루게 되며, 우리에게 가장 중요한 것이 무엇인지를 파악하려고 노력한다. 21세기 초에 인문학에서 학위 과정을 이수하는 비교적 근면한 학부생이라면, 그는 졸업 때까지 800권가량의 책을 읽게 될 것이다. 이에 비해서 1250년에는 잉글랜드의 제법 부유한 가정에서도 책을 3권 가진 경우는 비교적 행운에 속했다. 이 소박한 장서 가운데 한 권은 성서였고, 또 한 권은 기도서였고, 또 한 권은 성인의 전기였다. 이 정도의 책값만 해도 웬만한 집 한 채 값에 맞먹을 정도였다. 혹시 우리가 책의 홍수 시대를 맞이하여 안타까워해야 한다면, 그것은 우리의 지능과 감수성을 발달시키는 최선의 방법은 단순히 더 많은 책을 읽는 것보다는 오히려 몇 권의 책을 여러 번 숙독하는 것임을 느끼기 때문일 것이다. 우리는 아직 읽지 못한 책들에 대해서 죄의식을 느끼지만, 실제로는 우리가 아우구스티누스나 단테보다도 이미 더 많은 책을 읽었음을 그만 간과하고 있다. 즉 우리는 책을 얼마나 많이 소비하느냐가 아니라, 오히려 책을 어떤 태도로 받아들이느냐가 문제의 핵심이라는 것을 너무 무시하고 있다.

어떤 사람은 지금처럼 책이 많은 것에 대해서만 감사하지 말고, 책값이 저렴한 것에 대해서도 감사해야 한다고 주장한다. 하지만 이 두 가지 상황 가운데 어느 것도 본질적으로 뚜렷한 혜택을 준다고 생각할 수는 없다. 우리는 구텐베르크 이전 시대의 성서—여백마다 꽃이나, 요나와 고래나, 성모의 머리 위로 펼쳐진 푸른 하늘에 이국적인 모습의 새들이 날아다니는 소박한 채색 삽화가 있는—의 배후에서 가치를 찾을 수 있지만, 고통스러운 장인정신은 비록 폭이 좁았지만 깊이는 상당했던 사회의 산물이었다. 이 사회에서는 한 권 한 권의 책을 비범한 아름다움을 지닌 물건으로 만들고자, 그리하여 그 책의 영적이고 도덕적인 중요성을 강조하고자 소망했다.

기술 발전 덕분에 이제는 한 권의 책을 소유하는 것에 대해서 감사하는 마음 자체가 이상하게 되었지만, 그럼에도 불구하고 희귀성에는 심리적인 우월감이 아직도 남아 있다. 가령 우리는 모세 오경 가운데 하나인 유대교의 세페르 토라의 두루마리를 만들었던 정성을 존경한다. 이 사본을 만들기 위해서 필경사 한 사람이 1년 반 동안 직접 글을 베껴 써야만 했다. 이때 사용된

집 한 채 값과 맞먹었던 책. 동방박사의 방문 장면을 묘사한 채색 삽화가 있는 15세기 말의 피지본 기도서.

피지(皮紙)만 하더라도, 미리 정해진 의식에 따라 도살한 염소의 생가죽을, 사과즙과 소금물과 몰식자(沒食子)를 섞어서 랍비의 전통에 따라 조제한 용액 속에 9일 동안 담가 제조한 것이었다. 따라서 혹시 우리가 쉽게 떨어져 나가는 페이퍼백 대신에 이런 책을 소유하게 된다면, 그 재료의 무게에도 불구하고, 그 타이포그래피의 우아함이며 그 채색 삽화의 아름다움 때문에라도, 우리의 마음 한구석에는 그 내용을 향한 열망이 영원히 자리잡을 수밖에 없을 것이다.

## iii. 영적 훈련

1.

대학을 위한 대안 교과과정을 마련하고, 지식의 반복 연습과 소화의 필요성을 강조하는 것말고도, 종교는 교육을 교실에서 끌고 나와서 상당히 파격적으로 다른 활동과 결부시켰다. 즉 모든 감각을 통해서 배우도록 추종자에게 독려한 것이었다. 단순히 귀로 듣고 눈으로 읽어서 배우는 것만이 아니라, 보다 넓은 차원에서, 즉 '행동함으로써' 배우게 했던 것이다. 먹으면서, 마시면서, 목욕하면서, 걸으면서, 노래하면서 배우게 했던 것이다.

예를 들면, 일본의 선불교에서는 우정의 중요성, 좌절의 불가피성, 인간 노력의 불완전성에 대해서 깊이 생각했다. 하지만 선불교는 이런 교의를 추종자에게 단순히 설파하는 데에 그치지 않았다. 선불교는 추종자가 여러 가지 활동들, 곧 꽃꽂이, 서예, 참선, 산책, 자갈밭 정원 조성, 그리고 무엇보다도 다도(茶道)를 통해서 이런 진리를 이해할 수 있도록 보다 직접적으로 도와주었다.

서양의 경우, 차를 마시는 것은 영적인 중요성은 없는 일반적인 관습에 불과하다. 따라서 선불교에서는 다도를 가장 중요한 교육의 기회 가운데 하나로 삼는다는 사실—심지어 가톨릭교도에게 미사가 중요한 만큼이나 일본 불교도에게 중요하다는 사실—이 서양인에게는 특히 기이하면서도 즐겁게 여겨졌다. 이른바 '차노유(茶の湯)'의 의식을 치르는 동안에는 마치 전형적인 영국의 차 마시는 시간과도 유사한 느낌이 들며, 그런

다도(茶道)는 삶의 의미에 대한 교훈을 참가자에게 전해준다.

느낌이 더욱 정제되고 확장되어 결국 불교의 교리와 상징적으로 연결된다. 이 의식의 모든 측면은 의미를 지니고 있다. 가령 찻잔의 경우만 보더라도, 그 일그러진 형태는 있는 그대로 꾸미지 않은 것을 지향하는 선 사상의 핵심을 반영하고 있다. 사범이 차를 천천히 끓이는 방법은 자아의 요구를 중지시키도록 만들고, 다실의 단순한 장식은 세속적 지위에 대한 걱정에서 생각을 벗어나도록 만들고, 그리고 따뜻하고 향기로운 차는 벽의 족자에 쓰여 있는 한자—대개는 "조화," "청정," "평온" 같은 불교의 덕목을 적어놓은—속에 숨어 있는 진리를 느끼도록 도와준다.

다도의 핵심은 새로운 철학을 가르치는 것이 아니라, 미묘한 공감을 전하는 행위를 통해서 기존의 철학을 보다 생생하게 만드는 것이다. 이 메커니즘을 통해서 다도의 참가자는 자신이 이미 지적으로 잘 파악한 관념들, 그러나 앞으로도 계속 지켜야 할 필요가 있는 관념들을 다시 한번 떠올리게 된다.

다도와 비교할 만한 사례를 또다른 신앙에서 찾아보자. 유대교의 문헌에서는 죄를 시인함으로써 얻을 수 있는 재생의 가능성과 속죄의 중요성을 거듭해서 언급하고 있다. 하지만 이 종교에서는 이런 관념이 단순히 책을 통해서만 전달되는 것이 아니라, 신체적 경험을 통해서 더 뚜렷하게 전달된다. 바로 목욕을 하는 의식을 통해서이다. 바빌로니아에서의 포로 생활 기간에 유대교는 그 공동체에 미크베(mikveh)—깨끗한 샘물을 정확히 575리터 담을 수 있는 신성한 욕조—를 만들도록 조언했다. 유대인은 영적으로 미심쩍은 행위를 고백한 이후에 이 욕조에 들어가는데, 그렇게 함으로써 자신의 순수성을 회복하는 것은 물론 하느님과의 관계도 회복할 수 있다고 생각했다. 토라에서는 매주 금요일 오후마다 미크베에 몸을 완전히 담그라고 조언하는데, 가령 새해를 맞이하기 직전이라든지, 또는 정액을 배설한 직후에 그렇게 해야 한다.

미크베 제도의 근거가 되는 재생의 느낌에 관해서는 욕조에 들어가는 세속인들도 어느 정도 알고 있었지만, 유대교에서는 이런 느낌에다가 깊이와 구조와 엄숙함을 더했다. 물론 무신론자의 경우에도 목욕을 하고 나면 깨끗해진 느낌이 들고, 목욕을 하지 않으면 더러운 느낌이 드는 것은 당연하다. 하지만 미크베 의식은 외적 위생에다가 특별한 종류의 내적 청결을 결부시킴으로써, 종교에서 권장하는 여러 가지 다른 상징적인 관습들과 마찬가지로, 신체 활동을 이용하여 영적 교훈을 뒷받침하고 있다.


2.
종교는 우리가 보통 신체 훈련에 적용시키는 데에만 익숙했던 엄격함을 정신 훈련에도 적용할 때의 가치를 잘 이해하고 있다. 그리고 도덕적인 생각과 행동 패턴을 향한 우리의 성향을 강화시키기 위한 목적으로 고안된 일련의 영적 훈련을 우리에게 제시한다. 예를 들면, 우리를 친숙하지 않은 장소에 앉히고, 우리의 자세를 바로잡아주고, 우리의 먹는 것을 규제하고, 우리가 서로에게 해야 하는 말을 쓴 대본을 나누어주고, 우리의 의식을 스쳐가는 생각을 꼼꼼하게 감시한다. 이 모든 것은 우리의 자유를 부정하기 위해서가 아니라, 우리의 불안을 가라앉히고

목욕을 함으로써 우리는 어떤 관념을 뒷받침할 수 있다. 런던 북서부의 윌스든에 있는 유대교의 '미크베'

우리의 도덕적 힘을 기르기 위해서이다.

이 이중의 통찰—즉 우리는 몸을 훈련시키듯이 정신도 훈련시켜야 하며, 따라서 부분적으로나마 우리의 몸을 '통해서' 정신을 훈련시켜야 한다는—덕분에 주요 종교들은 수련장을 만들게 되었다. 추종자들은 정해진 기간 동안 일상생활에서 벗어나서 이곳에 머물며, 영적인 훈련을 통해서 정신적 회복을 한다.

세속 세계에서는 참으로 이에 상응하는 것을 찾아볼 수가 없다. 그나마 버금가는 것으로는 휴양지의 호텔이나 온천을 들 수 있겠지만, 이런 비교는 단지 우리의 편협함을 드러낼 뿐이다. 그런 시설을 광고하는 팸플릿에서는 우리에게 무엇보다도 필요한 것을 재발견할 기회를 준다고 약속한다. 호화스러운 실내복 차림의 커플을 보여주거나, 객실의 매트리스와 화장실 설비를 자랑하거나, 또는 24시간 내내 이루어지는 룸서비스를 강조하게 마련이다. 하지만 이런 강조는 십중팔구 우리 영혼의 진정한 성취가 아니라 오히려 신체적 포만과 정신적 유희에 집중되어 있을 뿐이다. 이런 장소는 우리가 겪는 여러 가지 상황에서 우리를 도와줄 방법을 전혀 보여주지 못한다. 우리의 인간관계가 또 한번 절망적인 상태에 이르렀을 때에도, 일요일자 신문을 읽다가 새삼 우리의 경력에 관한 공포를 느꼈을 때에도, 또는 어느 날 새벽에 문득 깨어나서 우리에게 남은 생애가 얼마나 짧은지를 깨닫고 겁에 질렸을 때에도 마찬가지이다. 그런 시설의 관리인은 가령 승마나 미니골프 같은 오락을 즐기려면 어디로 가야 하는지에 관해서 갖가지 조언을 해줄 수 있을 것이다. 그러나 우리의 죄, 변덕스러운 열망, 또는 자기 혐오 같은 문제에 대처하는 방법을 물어본다면 그들은 갑자기 입을 꾹 다물 수밖에 없을 것이다.

종교 수련장은 다행히도 이런 관심에서 보다 원숙한 면모를 보여준다. 시토 수도회 수도원의 창립자인 프랑스의 성 베르나르(1090-1153)는 인간을 세 부분으로 나누었는데—'코르푸스(몸),' '아니무스(정신),' '스피리투스(영)'—그 각각을 주의 깊게 보살피는 품위 있는 휴식처가 별도로 있다고 주장했다(그의 시대에 시토 회 수도원은 평신도의 수련장인 동시에 수도사의 영구 거처로도 사용되었다).

성 베르나르의 전통을 계승한 가톨릭 수련장에서는 오늘날에도 방문객은 쾌적한 편의시설과 방대한 도서관, 그리고 '규문'(糾問)—하루 세 번에 걸쳐 자신의 양심을 살펴보는데, 당사자 혼자 침묵 속에서 (흔히 촛불 하나, 그리스도 상 하나 놓고) 이루어진다—에서 상담(상담자는 신자의 혼란스럽고 혼탁해진 사고 과정에 논리와 도덕을 주입하는 훈련을 특별히 받은 인물이다)에 이르는 다채로운 영적 활동을 제공받는다.

비록 그 안에서 배우는 구체적인 교훈은 현저하게 다르더라도, 불교의 도량(道場)에서도 이와 마찬가지로 온전한 자아[眞我]에 대한 헌신이 이루어진다. 마침 영국의 어느 교외에 좌선과 보행선을 전문으로 하는 도량이 있다는 소식을 듣고, 나는 이런 종류의 영적 훈련에 의해서 무엇을 얻을 수 있는지를 직접 알아보기로 작정했다.

갠지스 강변의 작은 나라 카필라에서 붓다가 태어난 지 2573년쯤이 지난, 6월의 어느 토요일 오전 6시, 나는 헛간을 개조한 서퍽의 어느 도량에서 열두 명의 다른 수련생과 함께 반원형을 그리며 앉아 있었다. 우리의 지도 교사인 토니는 맨 먼저 불교

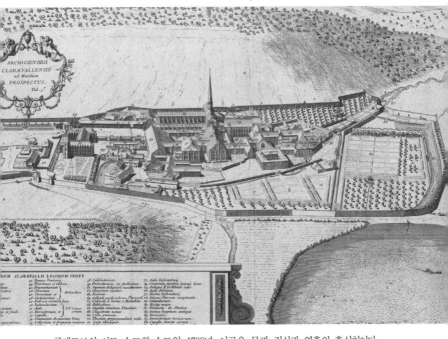

클레르보의 시토 수도회 수도원. 1708년. 이곳은 몸과 정신과 영혼의 휴식처이다. 이 수도원의 각 구역은 자아의 여러 부분의 치료를 위해서 배정되어 있다. 몸은 부엌과 숙소에서 돌보고, 정신은 도서관에서 돌보고, 영혼은 성당에서 돌보게 된다.

도의 눈으로 바라본 인간의 상황을 우리에게 이해시키는 것으로 수련을 시작했다. 그의 말에 따르면, 우리는 대부분의 경우에—아무런 선택의 여지조차도 없이—우리의 자아, 산스크리트어로 말하면 우리의 아트만(atman)에 의해서 지배된다는 것이다. 이 의식의 중심은 본성적으로 이기적이고, 자기 중심적이고, 만족을 모르는 것이다. 자신의 필멸성(必滅性)을 받아들이지 못하고, 경력이나 지위나 부의 구원 능력에 관해서 공상함으로써 죽음을 회피하려고 한다. 자아는 우리가 태어나는 순간부터 마치 비정상적인 발전기처럼 제어할 수 없는데, 우리가 숨을 거두는 순간까지 결코 멈추지 않는다. 자아는 본래 허약하기 때문에, 불안이 지배적인 기분이 된다. 그리고 겁이 많고, 이 대상에서 저 대상으로 건너뛰고, 결코 경계심을 풀지도 못하고, 다른 사람과 적절하게 관계하지도 못한다. 가장 경사스러운 상황 속에서도 자아는 항상 가차 없이 두근두근 걱정의 북소리를 울리며, 그 때문에 자신 이외의 다른 어떤 것과도 진지한 관계를 맺지 못하게 음모를 꾸민다. 그렇지만 자아는 자신의 욕망이 곧 성취될 것이라고 믿는 애처로운 상황에 이르게 된다. 자아는 평온과 안정의 이미지를 추구한다. 특정한 직업, 사회적 업적, 물질적 성취는 항상 갈망을 종식시킬 수 있을 것 같다. 하지만 실제로는 하나의 걱정이 또다른 걱정으로, 하나의 욕망이 또다른 욕망으로 대체되면서, 불교도가 "집착," 또는 산스크리트어로 우파다나(upādāna)라고 부르는 정신적 상태의 끝없는 주기를 반복하는 것에 불과하다.

그럼에도 불구하고, 토니가 지금 설명하는 것처럼, 우리 자신의 어떤 한 부분에 관한 이처럼 우울한 그림에 의해서 우리의

모습을 완전히 규정할 필요까지는 없다. 왜냐하면 우리에게는 매우 희귀한 또다른 능력도 주어져 있기 때문이다. 영적 훈련을 통해서 더욱 강화되는 이 능력을 이용하면, 우리는 자아의 요구를 때때로 버리고, 불교도가 아나트만(anātman), 즉 "무아(無我)"라고 부르는 상태에 들어갈 수 있다. 이 정신적 상태에서 우리는 자신의 열정으로부터 한발 물러서서, 만약 우리 자신이 추가적이고도 고통스러운 요구가 없을 경우에는 우리의 삶이 어떠할지를 생각해보게 된다.

이처럼 우리가 자아를 버리는 방법을 배우는 첫 단계는 논증이 아니라 단지 새로운 방식으로 땅바닥에 앉아 있는 법을 배우는 것으로 시작된다. 이 말에 놀라는 것이야말로 지성을 향한 서양의 편향을 보여주는 상징이 될 것이다.

토니가 구체적으로 지적한 것처럼, 무엇을 우선적으로 행해야 할 것인지를 결정하는 우리의 능력은 먼저 자리에서 일어나서 팔다리를 부드럽게 흔들어서, 몸을 바이로차나의 아홉 가지 명상 자세로 재정렬하는 우리의 힘에 크게 의존한다. 수련생들에게 그것은 쉽지 않은 일이었다. 왜냐하면 우리 중 상당수는 이미 몸이 그리 젊지 않았으며, 우리 모두는 낯선 사람 앞에서 양말 바람으로 몸을 뒤틀게 됨으로써 나타나는 자연스러운 결과에 대한 자의식 때문에 괴로움을 당했기 때문이었다. 우리는 토니가 취한 자세를 흉내 내는 과정에서 웃음과 때때로 방귀가 터져 나오곤 했다. 이 자세는 붓다와 그의 제자들이 26세기 전에 인도 동부의 비하르 지방의 성스러운 보리수 아래에서 명상할 때에 취했던 것과 같은 자세라고 한다. 이에 대해서는 정확한 가르침이 나와 있었다. 두 다리는 가부좌를 틀고, 왼손은 오른

마음의 안정을 향한 우리의 열망에 대답하기 위해서 서양의 소비 사회는 지난 50년 동안 일광욕의 개념을 정립해왔다. 불교는 무려 1천 년도 넘는 기간 동안 명상의 기술을 익혀왔다.

쪽 무릎 위에 놓고, 허리는 곧게 펴고, 어깨는 가볍게 긴장시키고, 머리는 앞으로 약간 숙이고, 시선은 아래로 향하고, 입은 약간 열고, 혀끝은 입천장에 대고, 숨은 규칙적으로 느리게 쉰다.

사람들이 점차 똑같은 상태에 접어들면서 방 안은 점차 조용해졌고 이제는 저 멀리 들판에서 우는 올빼미 울음소리밖에는 들리지 않았다. 토니는 평소에는 주목받지 못했던 지극히 당연한 사실, 즉 우리 모두가 숨을 쉰다는 사실에 집중하라고 조언했다. 아나파나사티(anāpānasati, 安那般那)—호흡의 인식[數息觀]—명상에 숙달하기 위한 첫 걸음으로, 가만히 앉아서 존재하는 것말고는 아무것도 하지 않는 것이 얼마나 어려운 일인지를 우리는 새삼 깨닫게 된다. 다시 말해서 우리는 자아의 우위와 계획이 우리를 얼마나 가혹하게 장악하고 있는지를 비로소 이해하게 된다. 우리는 산만해지기 쉬운 우리의 성향에 새삼 주목하게 된다. 우리가 각자의 호흡에만 정신을 집중하려고 노력하는 동안, 우리는 의식이 특유의 광적인 여정에 따라서 이쪽저쪽으로 마구 널뛰는 것을 감지한다. 심지어 호흡을 세 번 하는 사이에도 걱정에서 벗어나기가 너무나 어렵다는 사실을 깨닫는다. 그리고 이 사실로부터 추정하여, 우리가 아트만의 덩굴손에 붙잡히지 않고 어떤 경험에 안주한다는 것이 얼마나 이례적인 것인지를 깨닫는다.

우리가 앉는 자세부터 새로 배우는 까닭은 우리의 의식과 우리의 자아 사이에 적당한 거리를 만들어놓기 위해서이다. 우리 자신이 숨을 쉰다고 느끼는 사이, 우리는 자신의 물리적 존재가 리듬을 가지고 있으며, 이 리듬은 자아가 이끄는 우리의 욕망과 무관하게 움직인다는 사실을 깨닫게 된다. 신체의 타자성

이야말로 아나트만이라는 광활한 영역—즉 자아가 지배하거나 이해하지 못하는 영역인 동시에, 이제부터 불교가 우리에게 보여주려고 하는 영역—의 한 가지 측면이다.

자아는 마주치는 것이면 무엇이든지 간에 이용하고 사용하려고 하는 버릇이 있기 때문에, 우리의 몸에 대해서조차도 단지 감각적 만족을 향한 계획에 유용하다는 것 이상으로는 인식하지 못한다. 자아는 우리의 몸이 의외로 허약한 것에 대해서 은근히 분개하고, 또 질색한다. 간장의 특이한 작동 방식, 또는 췌장의 신비스러운 활동에 관해서는 아예 생각하고 싶어하지 않는다. 자아는 몸을 향해서 계속 임무에 충실하라고 명령한다. 등 근육이 결리도록 책상 위에 구부정하게 몸을 숙이고 앉아 있으라고, 순종하고 열렬하게 무엇인가를 기대하는 상태를 유지하라고 명령한다. 그런데 이제 갑자기 자아는 결코 대단하지도, 생산적이지도 않는 호흡 행위에 통제권을 양보하라는 요청을 받는 상황이 되었다. 들숨과 날숨으로 이루어진 호흡의 작용은 우리가 태어난 순간부터 지금까지는 대부분 주목받지 못했고 의식되지 않았던 것인데도 말이다. 이런 일을 경험한다는 것은, 비유하자면 어떤 예기치 못했던 상황에서 어떤 국왕이 어쩔 수 없이 허름한 여인숙의 딱딱한 침대에서 하룻밤을 보내야 했을 때에 경험했던 마음의 혼란과 비슷하지 않을까?

자아의 요구 대신에 우리의 호흡에 온 정신을 집중할 경우, 자아는 의식에 대한 주장 가운데 일부를 포기하기 시작하고, 따라서 평시에는 자아가 걸러내버렸을 데이터가 흘러들어오기 시작한다. 내부와 외부에서, 우리는 평소의 관심사와는 전혀 무관한 것들을 인식하게 된다. 우리의 의식은 호흡에 집중하게 됨으로써 처음에는 우리의 팔다리를 인식하고, 다음에는 우리를 지탱하는 골격이며 우리 안에서 항상 움직이는 혈액을 인식하는 것으로 이동하게 된다. 우리는 뺨에 가해지는 자극에, 방 안의 미세한 공기의 흐름에, 피부에 닿는 옷감의 결에 대해서조차도 민감하게 된다.

아침 늦게, 우리는 보행선[걷기 명상]이라고 하는 또 한번의 영적 훈련을 위해서 바깥으로 나갔다. 그것은 베트남 출신의 선승 틱낫한이 창안한 방법이었다. 우리는 마음을 비우고, 침묵하면서 그저 풍경을 보며 이리저리 거닐면서, 자아가 지배하는 습관들―자연으로부터 아름다움을 벗겨내고, 우주 속에서 우리의 중요성에 대한 잘못되고도 소란스러운 감각을 부여하는 습관들―로 점철된 순간으로부터 자유로워졌다. 교사의 인도를 받으며 우리는 낙타처럼 굼뜬 속도로 움직였고, 우리의 의식은 자아의 평소의 야심이나 불평에도 전혀 동요하지 않았으며―자본주의가 무척 비난하며, 불교가 무척 자랑스럽게 여기는 이 상태는 산스크리트어로 아프라니타(apranihita), 즉 무목적성[無願]이라고 한다―따라서 우리 주위의 천여 가지 세부사항에 새로 동조하게 되었다. 나무들 사이로 햇빛이 여기저기 쏟아지고, 그 빛줄기 속에서 미세한 먼지가 춤을 추었다. 가까운 개울에서 물 흐르는 소리가 들려왔다. 거미 한 마리가 우리 위의 나뭇가지를 따라 지나갔다. 불교의 시편들을 보면 이와 유사한 만남에 대한 기록이 압도적으로 많다. 현세의 그토록 미세한 부분들은 우리의 감각 기관을 장악한 자아의 손아귀 힘이 느슨해진 다음에야 비로소 우리와의 만남을 가지게 된다.

산길 따라 걸어가며
귀여움을 깨닫네
제비꽃이여

이것은 바쇼(芭蕉, 1644~1694 : 일본 에도 시대의 대표적 하이쿠 시인/역주)의 선시(禪詩) 가운데 하나이다. 덤불 사이를 지나가는 동안, 우리는 우리 자신의 존재에 대한 감시인, 그러나 별로 관심이 없는 감시인이 되었으며, 따라서 지구에 대해서도, 그 작은 보랏빛 꽃에 대해서도 좀더 인내하고 공감하는 관찰자가 되었다.


3.

불교 도량이나 다른 종교의 수련장에서 이루어지는 훈련의 구체적인 내용보다 더 중요한 것이 있다면, 우리의 내적 삶에 지고의 규율을 부과해야 할 필요가 있다는 것이다. 그것이야말로 전체적인 핵심이다.

만약 우리의 고통 가운데 상당수가 우리의 영혼의 상태에서 비롯된 것이라면, 현대의 레저 산업이 신체적 안락을 주는 데에만 열심이고, 정작 불교도가 "원숭이 정신[心猿]"이라고 하는 것—선견지명이다—을 동시에 위로하고 다스리려는 시도가 없는 것은 오류인 것 같다. 우리는 전존재의 회복을 위한 효율적인 장소를 필요로 한다. 일련의 세속화된 영적 훈련을 위해서 우리의 신체적인 자아는 물론이고 심리적인 자아까지도 훈련시키는 새로운 종류의 수련장이 필요하다.

# iv. 지혜 가르치기

## 1.

궁극적으로 모든 교육의 목적은 우리의 시간을 절약하고 오류를 방지하는 것이다. 이것은 사회—세속적이건 종교적이건 간에—가 인류의 조상들 중에서 매우 명석하고 가장 결연한 사람들이 수백년 동안에 걸친 고통스럽고도 산발적인 노력의 결과로 얻어낸 것을, 일정한 시간 내에 그 구성원에게 반복하여 깨우치게 하려고 시도하는 과정에서 이용했던 메커니즘이다.

세속 사회는 이런 임무의 논리를 과학적, 기술적 지식과 관련시켜 받아들일 준비가 충분히 되어 있다는 것을 증명했다. 세속 사회는 물리학과에 입학하는 대학생이 불과 몇 달 안에 패러데이가 평생 알고 있었던 것보다 많은 지식을 배우게 되고, 불과 몇 년 안에 아인슈타인의 통일장 이론의 한계까지 파악하게 되리라는 사실을 알더라도 전혀 애석해할 것이 없다고 생각한다.

그러나 과학에서는 너무나 명백하고도 전혀 거슬리지 않았던 이런 원칙을 지혜—영혼의 자각과 도덕적 책임과 관련된 통찰—에 적용시킬 경우, 놀라울 만큼 정반대되는 반응에 부딪힐 수 있다. 이럴 경우에는 교육의 옹호자들—갓 입학한 물리학 전공 학생은 전자기파 복사 이론을 스스로 터득하게끔 내버려 두어야 한다는 식의 주장을 오히려 비웃었던 사람들—도 지혜만큼은 서로 가르쳐줄 수 있는 것이 아니라고 항의할 것이다.

문화의 교육에서는 이런 편견이 너무나 깊이 박혀 있기 때문에, 밀과 아널드의 야심을 살짝 뭉개버리는 것은 물론이고, 릴

케의 과장된 희망은 더더욱 뭉개버리고 만다. 그는 "낡은 아폴로의 흉상"이라는 시의 마지막 행에서, 모든 위대한 예술가가 대중을 향해서 호소하는 궁극적인 바람은 결국 이것이 아니겠느냐고 추측했다. "당신의 삶을 반드시 바꾸어야만 한다."

종교는 지혜가 결코 가르칠 수 없는 것이라고 주장하는 사람들에게 결코 동의하지 않는다. 오히려 종교는 개인의 삶에서도 특히 중요한 문제를 향해서 직접 질문을 던진다. 나는 어떤 일을 해야 하는가? 나는 어떻게 사랑을 해야 하는가? 나는 얼마나 착하게 살아야 하는가? 이런 질문 방식에 대해서는 심지어 무신론자조차도 흥미를 느낄 것이다. 물론 종교가 제공하는 구체적인 답변에 대해서는 동의할 내용이 거의 없다고 생각하더라도 말이다.

이 챕터에서 내가 주장한 것처럼, 문화는 굳이 종교적 교리에 의존하지 않고도 우리의 딜레마를 해결할 수 있는 것 이상의 것이다. 우리의 개인적이고 정치적인 삶에서 치명적인 파괴를 자행하는 오류들이야말로 고대 이래로 문화 예술 작품의 주제가 되어왔다. 경전 속에는 어리석음, 탐욕, 정욕, 시기, 오만, 감상주의, 속물주의에 관한 자료가 결코 모자란 적이 없었다. 우리가 필요로 하는 모든 실마리들은 프로이트, 마르크스, 무질, 안드레이 타르코프스키, 오에 겐자부로, 페르난도 페소아, 푸생, 솔 벨로의 작품 속에서 발견할 수 있다. 문제는 이런 보물들을 효과적으로 저며내서 솜씨 좋게 접시에 담은 경우가 드물다는 것인데, 왜냐하면 우리의 슬픔을 위로하는 데에 문화를 이용해서는 안 된다는 근거 없는 편견 때문이다.

기존의 어떤 주류 세속 제도도 우리에게 삶의 기술을 가르쳐주는 데에 명백히 관심을 보여주지는 않았다. 과학사에 비유해서 말하면, 윤리 분야는 연구실에서 잘 고안된 실험을 수행하는 전문가의 단계라기보다는, 오히려 마당의 헛간에서 화학 약품을 만지작거리는 아마추어 단계라고 할 수 있다. 대학의 학자들, 즉 영혼에 집중하는 교육적 임무를 담당할 만한 유력한 후보자들은 선험적인 중요성이 있는 태도 뒤쪽으로 후퇴함으로써, 타당성을 향한 요구로부터 스스로 멀어져버렸다. 그들은 청중을 유혹해야 하는 책임을 회피했고, 단순함을 매우 두려워하며, 우리가 얼마나 나약한 존재인지를 깨닫지 못하는 척하고, 우리가 얼마나 만사—제아무리 중요한 것이라도—를 쉽게 잊어버리는지를 눈감아왔다.

종교는 교정(矯正)을 위한 아이디어로 꽉 차 있다. 종교의 사례는 새로운 교과과정을 제안한다. 가령 지식을 우연히 분류된 학문 분야에 따라서가 아니라, 오히려 관련된 도전에 따라서 배열하려는 계획이 가능할 것이다. 또한 의도(더 나아지고 더 건전해지려고 하는)를 지닌 독서 전략이 가능할 것이다. 또한 웅변에 대한 투자와, 아이디어를 암기하고 보다 효과적으로 발표하는 일련의 방법이 가능할 것이다.

경우에 따라서는 이런 교육적 관습이 지나치게 '기독교적'이라고 생각할 사람도 있을 것이다. 우리는 이런 방법이 예수의 탄생보다 훨씬 더 먼저 존재했다는 것을 기억해야 한다. 그리스인과 로마인은 어떻게 하면 지식을 이용하여 내적인 필요를 채울 수 있을지에 관해서 오랫동안 관심을 가져왔다. 지혜를 전수하기 위해서 학교를 처음 세운 것도, 책을 의술에 비유한 것도, 수사학과 반복의 가치를 깨달은 것도 바로 그들이었다. 우리는 이처럼 소중한 전통에 무신론이 끼어들지 못하게 해야 한다. 이 전통은 어떤 특정 종파의 것이 아닌 공통의 유산 가운데 일부였음에도 불구하고, 세속주의자들은 그런 유산을 창조한 사람들의 진정한 정체를 오해한 까닭에 그런 전통을 역사적으로 짓밟아버리고 말았다.

현대의 대학과 달리, 종교는 그 가르침을 특정한 시기(청년기의 몇 년간), 특정한 공간(캠퍼스), 단일한 형식(강의)에만 제한하지 않았다. 우리는 우리가 인식하고 느낄 수 있는 피조물임을 자각함으로써, 종교가 우리의 정신을 흔들어놓기 위해서 자원을 모두 사용할 수 있다는 것을 이해했다. 종교의 방법 가운데 상당수는 비록 오늘날의 교육 개념과는 거리가 멀지만, 그럼에도 불구하고 관념을 만들어내는 그 어떤 계획보다도 더 본질적인 것으로 간주되어야 한다. 신학적이건 세속적이건 간에, 우리의 투과성 높은 정신은 보다 효율적인 것으로 간주되어야 한다. 이런 기법은 연구하고 이용할 가치가 분명히 있으며, 따라서 우리는 남아 있는 시간 동안 과거의 세대보다는 최소한 한두 가지라도 실수를 더 적게 할 수 있을 것이다.

# V

지혜

1.

북유럽의 별로 이름 없는 도시의 뒷거리에 15세기에 지은 성당이 하나 있다. 날씨가 흐린 어느 겨울날의 이른 오후, 한 중년 남자가 우산을 털고 그 안으로 들어간다. 내부는 따뜻했지만 어두웠는데, 조명이라고는 몇 줄씩 놓여 있는 촛불뿐이어서, 석회석 벽에 촛불 그림자가 너울거리고 있다. 편안하고 많이 닳은 회중석이 있고, 바닥에는 기도용 쿠션이 놓여 있는데, 쿠션에는 하나같이 마테르 돌로로사(Mater Dolorosa : 슬픔에 잠긴 성모)라는 단어가 수놓아져 있다. 나이 많은 여자 한 명이 먼 구석에서 무릎을 꿇고 눈을 감은 채 중얼거리고 있다.

　남자는 지쳐 있다. 팔다리가 쑤신다. 힘도 없고, 약해져 있고, 금방 눈물을 쏟을 것 같다. 그가 이 자리에 오게 된 것은 어떤 사건 때문이 아니었다. 사소한 굴욕들이 이어지고 누적된 나머지 이제는 자기 자신이 너무나 진부하고, 불필요하고, 혐오스럽게 느껴진 것이다. 그의 경력을 보면 한때는 그토록 촉망받았지만, 지금은 이미 내리막길에 들어선 지 오래되었다. 그는 다른 사람이 자기를 하찮게 생각한다는 것을, 어떤 모임에서도 자기 곁에 있으려고 하지 않는다는 것을, 자기의 제안과 편지에 전혀 반응하지 않는다는 것을 잘 알고 있다. 이제 더 이상 자신감을 가지고 앞으로 나아갈 수가 없다. 이런 직업상의 곤경에 직면하게 된 원인, 즉 그의 성격에 숨어 있던 조급함과 허영심 때문에 그는 스스로 섬뜩하다. 후회와 불안과 고독이 그를 강타한다. 하지만 그는 이런 걱정을 집으로 고스란히 가져갈 수 없다는 것을 알고 있다. 아들은 아버지의 힘을 신뢰할 필요가 있기 때문이다. 가뜩이나 걱정하는 아내도 이미 너무 많은 부담을 지고 있기 때문이다. 그리고 이런 기분으로 집에 갔다가는 상황이 얼마나 더 나빠질 수 있는지 경험상 잘 알고 있기 때문이다.

그는 잠들고 싶고, 계속 그 상태가 지속되었으면 한다. 그는 울고 싶다. 용서를 받고 다시 확신을 품고 싶다. 눈에 보이지 않는 성당의 스피커에서 음악이 흘러나온다. 바흐의 마태 수난 곡에 나오는 "나를 불쌍히 여기소서, 하느님"이다. 그는 의지할 만한 생각을 찾아보지만, 그 어느 것도 견고해 보이지가 않는 다. 그는 논리적으로 생각할 수가 없고, 심지어 그렇게 하려는 노력조차도 지금으로선 감당할 수가 없다.

무릎을 꿇고 앉아서 그는 제단 위의 그림을 올려다본다. 자 애롭고, 동정적이고, 머리 둘레에는 후광이 드리워진 온화한 젊 은 여성이 보인다. 그녀는 무한한 관심을 보이는 표정으로 그 를 내려다본다. 그가 굳이 말을 꺼내지 않아도, 그녀는 모든 것 을 이해하고 있는 것 같다.

그는 오래 전 어린 시절에 배운 기도를 기억한다. 그때 그의 미래는 여전히 가능성이 충만한 것처럼 생각되었고, 자랑스러 운 사람이 되는 방법을 알았고, 부모님은 먹을 것을 잔뜩 차려 주었고 식사 뒤에는 끈끈해진 그의 어린 손가락을 닦아주었고, 그의 앞에는 모든 기회의 문이 열려 있었다. "천주의 성모 마리 아님, 이제와 저희 죽을 때에, 저희 죄인을 위하여 빌어주소서, 아멘." 눈을 감자, 그는 눈물이 속눈썹을 적시는 것을 느꼈다. "당신께 저 나아갑니다. 당신 앞에 저 섭니다, 죄 많고 슬퍼하면 서. 오, 말씀이 육신이 되신 분의 어머니시여, 저의 간청에 의해서 가 아니라, 당신의 자비로 제 말씀을 듣고 대답해주소서……."

## 2.

우리는 이 광경을 유럽에서 보았다고 말했지만, 사실 세계 거의 어디에서나 볼 수 있는 광경이다. 이와 비견할 만한 절망의 순간은 매일 어디에서나 목격된다. 가령 쿠알라룸푸르의 건강의 성모 성당에서나, 미주리 주 라인랜드의 슬픔의 성모 성당에서나, 한국의 언양 성모 동굴에서나, 베네수엘라의 누에스트라 세뇨라 델 에스페호에서나 동일할 것이다. 이런 성소에서는 절망한 사람들이 성모를 우러러보며 촛불을 켜고 각자의 슬픔을 하소연한다. 그 하소연을 듣는 여성은 단순히 레뎀프토리스 마테르(Redemptoris Mater), 즉 구세주의 어머니일 뿐만 아니라 동시에 마테르 에클레시아(Mater Ecclesia), 즉 교회의 어머니이기도 하며, 따라서 상징적으로는 온 교인의 어머니이기도 하다.

철저하게 합리적인 시각에서 보면, 마리아 숭배는 종교에서도 무척 유아적이고 어리석은 사례에 속하는 것 같다. 합리적인 성인이라면 어떻게 수천 년 전에 살았던 (정말로 살았는지도 모르는) 여성의 존재를 믿을 수가 있다는 것인가? 게다가 어떻게 그녀의 티 하나 없는 마음을 향해서 투사된 믿음에서 위안을 이끌어낼 수가 있다는 것인가?

이런 질문의 편향성을 반박하기는 어렵지 않다. 그것은 애초부터 잘못된 질문이기 때문이다. 그 핵심은 성모가 존재하느냐 여부가 아니라, 성모가 인간의 본성에 관해서 우리에게 어떤 이야기를 하기에 2천 년이 넘도록 그렇게 많은 기독교인이 굳이 그녀를 창작할 필요가 있다고 느꼈느냐는 것이다. 따라서 우리의 정서적인 필요에 관해서 성모 마리아가 무엇을 밝혀주느냐에 오히려 논의의 초점을 맞춰야 한다는 것이다. 그리고 우리가

"나는 이해하노라." 조반니 바티스타 살비, 「슬픔의 성모」, 1650년경.

신앙을 잃을 때에는 이러한 요구가 어떻게 되는지에 초점을 맞춰야 한다는 것이다.

가장 넓은 의미에서 보면, 마리아 숭배는 어른이 된 우리의 판단력과 책임과 사회적 지위에도 불구하고, 우리 안에 여전히 남아 있는 유년 시절의 필요가 얼마나 큰지를 보여준다. 우리의 일생이라는 기나긴 세월에 우리는 자신의 성숙함을 신뢰할 수 있지만, 그렇다고 해서 갖가지 재난으로부터 완전히 면제되어 있는 것은 아니다. 때로는 재난으로 인해서 우리의 추론 능력이며 용기며 재간 같은 능력조차도 지금 벌어지는 드라마 앞에서는 무용지물이 되고, 마치 어린이 같은 무력한 상태로 되돌아가버릴 때가 있기 때문이다.

그런 순간을 맞으면 우리는 누군가가 붙잡아주고 확신을 주었으면 하고 갈망하게 된다. 수십 년 전, 우리가 어렸을 때 어떤 자비심이 많은 어른이 그렇게 해주었던 것처럼. 그 어른이란 십중팔구 우리의 어머니였다. 그분은 우리를 신체적으로 보호해주었으며, 우리의 머리를 쓰다듬어주었으며, 자비와 온화한 눈빛으로 우리를 바라보며, 매우 나지막한 목소리로 한마디를 건네주었을 것이다. "내가 여기 있잖니."

성인 사회에서는 이런 갈망이 대부분 언급되지 않고 지나가버리게 마련이지만, 갈망을 소생시키고 합법화했다는 것이야말로 종교의 업적이다. 기독교의 마리아, 고대 이집트의 이시스, 그리스의 데메테르, 로마의 비너스, 그리고 중국의 관음보살 등은 모두 우리가 어린 시절에 경험했던 자애를 찾아서 되돌아가는 추억의 통로 역할을 하게 될 것이다. 그녀들을 묘사한 조각상은 종종 어둡고 자궁처럼 보이는 공간에 세워져 있으며, 그 얼

마리아에게 바치는 기도. 리투아니아 빌뉴스.

굴에서 위안의 빛을 부드럽게 느낄 수 있는 우리는 마음을 열고 앉아서 이야기하고, 흐느껴 울 수 있을 것이다. 그녀들 간의 유사성은 너무나 크기 때문에 단순히 우연이라고 볼 수만은 없다. 이런 상징들은 우리의 공통된 문화적 기원에서 유래한 것일 뿐만이 아니라, 인간 정신의 보편적인 필요의 대응에서도 유래한 것이다.

중국의 불교도가 관음보살을 찾아가는 이유도 가톨릭 신도가 마리아를 찾아가는 이유와 같다. 관음 역시 친절한 눈빛을 지니고 있으며, 자기 경멸 이외의 다른 대안을 우리에게 제안할 수 있기 때문이다. 중국 전역의 사원과 야외 광장에서는 사람들이 관음상 앞에서 마음이 부드러워진다. 관음의 시선은 사람들을 눈물짓게 하는 능력을 지니고 있다. 사람들이 그렇게 울 때가 있다면, 단순히 상황이 어려울 때라기보다는 오히려 너무 오랫동안 침묵 속에서 인내하고 있었던 슬픔을 스스로 인정할 수 있는 기회를 얻었을 때이다. 마리아와 마찬가지로 관음 역시 그다지 쉽지 않은 성자로서의 삶을 살아가는 과정에서 만나게 되는 어려움을 상징하는 것 같다.


3.
종교에 비하면, 무신론은 우리의 곤궁함에 대해서 냉정할 만큼 조급하게 대처하려는 듯하다. 무신론자가 보기에는 마리아 숭배의 핵심이 되는 위안에 대한 갈망이야말로 위험할 정도로 퇴보적이며, 심지어 존재에 대한 합리적인 대응—무신론자의 자부심이라고 할 수 있는—과도 상충되는 것 같다. 마리아와 그

관음보살상. 중국 하이난 섬.

이야말로 성년이 되었다면 얼른 극복해야만 하는 충동의 증상으로 간주된다.

가장 압도적인, 그리고 지적으로 호전적인 형태의 무신론은 종교가 그 자신의 동기를 애써 회피하고 있다며 공격한다. 마리아 숭배라는 것은 근본적으로는 유년기의 갈망—그 갈망에 새로운 옷을 입히고, 그 갈망을 새로운 형태로 바꾸고, 하늘을 향해서 투사한 것—에 대한 미화된 대응에 불과하지만, 종교는 이런 사실을 선뜻 인정하지 않는다는 것이다.

이런 비난은 물론 정확할는지도 모른다. 문제는 이런 비난을 하는 사람 본인도 무엇인가를 부정한다는 데에 있다. 즉 유년기의 필요를 부정하는 것이다. 인간적인 나약함 때문에 초자연적인 것을 받아들이게 되었다는 이유로 신앙인들을 공격하는 열성이 지나친 나머지, 무신론자는 자칫 우리 모두의 삶에서 불가피한 특징적인 어떤 것을 등한시할 수 있다. 그들은 유치하고 까다로운 필요라고 간주할지 몰라도, 그것이야말로 사실은 보다 일반적이며 인간적인 것으로 인정되어야 한다. 왜냐하면 성숙함이란 우선 유아기와 적절하게 타협해야만 찾아오는 것이며, 어른치고 어린이처럼 위로 받기를 종종 그리워하지 않는 사람은 없기 때문이다.

기독교는 의존성을 인정하는 힘이야말로 도덕적이고 영적인 건강의 지표라고 설명한다. 오직 교만하고 허영심이 강한 사람만이 자기의 나약함을 부정할 것이다. 반면 경건한 사람은 자기가 커다란 목제 성모상의 발치에서 눈물을 흘리며 시간을 보낸다는 사실을 주저 없이 인정할 수 있다. 마리아 숭배는 나약함을 미덕으로 개조했으며, 이로써 성년기의 자아와 유년기의

우리가 감동을 받고 다시 확신을 얻는 것은 곧 우리가 우리인 동시에 우리가 아니기 때문이다. 조반니 벨리니, 「성모와 성자」, 1480년.

자아를 별개의 것인 것처럼 구분하는 우리의 습성을 교정했다. 동시에 기독교는 우리의 필요를 규정하는 데에서도 상당한 섬세함을 보여주었다. 기독교는 우리가 모성의 위안을 받을 수 있도록 허락하면서도, 실제의 어머니를 향한 우리의 끈질기고도 벗어날 수 없는 욕망을 직시하도록 강요하지 않는다. 기독교는 '우리의' 어머니에 대해서는 아무런 언급도 없다. 다만 우리가 다시 한번 유년기로 돌아간다는 사실, 그리고 전 세계의 마테르(mater), 즉 어머니로부터 돌봄과 관심의 대상이 된다는 사실에 대한 상상 속의 즐거움을 제공할 뿐이다.


## 4.

기독교의 접근 방식에 한 가지 문제가 있다면, '지나치게' 성공을 거두었다는 것이다. 위안의 필요성과 마리아의 필요성이 지나치게 동일시됨으로써, 실제로는 그렇지 않다는 사실을 사람들이 깨닫지 못했던 것이다. 복음서보다도 훨씬 더 그 역사가 오래된 이 영원한 취향은 인류 최초의 지하 동굴의 어둠과 냉기 속에서 최초의 아기가 어머니의 품에 안겼던 바로 그 순간으로부터 시작된 것이다.

만사를 우리 뜻대로 성취시켜주는 자비로운 어머니, 또는 돌보는 아버지가 실제로는 존재하지 않는다는 사실조차도, 그런 존재가 실제로도 있었으면 하는 우리의 갈망이 매우 강력하다는 사실을 부정할 이유가 되지 못한다. 종교는 위기에, 즉 절망하고 두려운 나머지 우리가 '다른 누군가'의 도움을 간절히 바랄 때에—비록 우리가 표면적으로는 아무것도 믿지 않으며, 비

성인의 삶이 가능하려면, 우리의 이성이 기능을 다하지 못하고, '회귀'밖에는 우리가
할 수 있는 일이 없는 순간이 반드시 있어야만 한다. 자애의 신전. 역광으로 조명된
그림은 메리 캐사트의 1893년의 회화 「아이의 목욕」이다.

록 우리의 친어머니는 돌아가신 지 오래되고, 우리의 친아버지는 곁에 없고 잔인하며, 이제 우리는 이 세계에서 책임이 있는 어른의 자리에 있음에도 불구하고—우리가 자신에게 친절해야 한다는 것을 우리에게 가르쳐준다.

가톨릭의 사례는 그런 시기에 예술과 건축이 나름의 역할을 할 수 있음을 보여준다. 왜냐하면 대개는 어떤 성당, 미술관, 또는 다른 숭고한 장소의 조용하고 어둑한 후미진 곳에서 자녀를 자애롭게 돌아보는 부모의 얼굴 이미지를 바라봄으로써 우리는 각자의 안에 숨어 있는 어떤 원초적인 필요가 반응하고 어떤 균형이 회복되었음을 감지하기 때문이다.

만약 세속 화가들이 부모의 돌봄을 중심 테마로 삼는 작품을 때때로 만들 수 있다면, 그리고 만약 세속 건축가들이 이런 새로운 작품을 해질녘의 분위기 속에서 감상할 수 있는 공간—박물관이건, 아니면 야심적으로 만든 '자애의 신전'이라는 새로운 장소이건 간에—을 설계할 수 있다면 상당히 유용할 것이다.

마리아 숭배는 모든 무신론자들을 향해서, 심지어 가장 완고한 사람들을 향해서도 감히 제안하고 있다. 그들 역시 마음속에는 약점도 있고, 이성 이전의 상태이기도 하다고. 따라서 그들역시 각자가 예술과는 무관하고 미성숙한 측면을 조절함으로써, 보다 어두운 기분에서 빠져나오는 법을 배워야 할 것이다.

미신을 거부할 때, 우리는 자칫 비교적 덜 숭고한 갈망, 곧 종교가 그토록 성공적으로 확인했으며, 그토록 고귀하게 해결했던 갈망까지도 무시해버리려는 유혹을 느끼지 않도록 조심해야 한다.

# VI

비관주의

1.

기독교는 그 역사의 상당 부분에서 현세의 존재가 가진 더 어두운 측면을 강조해왔다. 하지만 이 우울한 전통에서도 프랑스의 철학자 블레즈 파스칼은 예외적이라고 할 수 있을 만큼 혹독한 비관주의를 드러낸 인물로서 유난히 눈에 띈다. 1658년부터 1662년에 걸쳐 집필한 「팡세」에서 파스칼은 기회 있을 때마다 인간의 본성이 얼마나 비정상적이고, 불쌍하고, 무가치한지를 보여주는 확실한 증거를 독자들에게 제시한다. 매력적인 고전주의 시대의 프랑스에서 그는 우리를 향해서 행복이란 환상일 뿐이라고("세계의 무익함을 직시하지 못하는 사람이 있다면, 그 사람 자체가 아주 무익한 것이다"), 오히려 슬픔이야말로 표준이라고("만약 우리의 상태가 참으로 행복하다면, 굳이 행복말고 다른 것을 생각할 필요가 없었어야 할 것이다"), 진정한 사랑은 망상이라고("인간의 마음은 얼마나 공허하고도 불결한가"), 우리는 무익한 동시에 성미가 급하다고("우리가 하찮은 것에 위안을 받는 까닭은, 우리가 하찮은 것에 분노하기 때문이다"), 심지어 우리 중에서도 가장 강한 사람조차 우리를 내습하는 무수한 질병 앞에서는 결국 무력한 상태가 된다고("파리는 매우 강력하기 때문에, 우리의 정신을 마비시키고 우리의 몸을 파먹을 수 있다"), 모든 지상의 제도는 부패했다고("무엇보다도 더 확실한 것이 있다면, 사람이 언젠가는 약해진다는 것이다"), 우리는 자기 중요성을 과대평가하는 터무니없는 경향이 있다고("우리에 관해서는 전혀 알지도 못하는 왕국들이 얼마나 많은가!") 이야기한다. 이런 상황에서 우리가 기대할 수 있는 최선의 방책은, 상황의 절망적인 사실에 정면으로 맞서는 것이라고 파스칼은 주장한다. "인간의 위대함은 자신이 비참하다는 것을 아는 데에서 시작된다."

파스칼의 이런 어조를 고려한다면, 우리는 그의 저서를 읽는 것이 애초의 예상처럼 우리를 우울하게 만들지는 않는다는 것을 발견함으로써 오히려 놀라게 된다. 그의 저서는 위안이 되고, 마음을 따뜻하게 하며, 심지어 재미있기까지 하다. 절망의 가장자리에서 흔들리는 사람이 있다면, 역설적이게도 그에게는 인간의 마지막 희망까지 모조리 땅바닥에 내던져버리려고 시도하는 이 책보다도 더 좋은 책이 없을 것이다. 높은 건물의 난간에서 뛰어내리고 싶은 사람의 마음을 돌려놓는 능력으로 말하면, 내면의 아름다움이며 긍정적 사고방식이며, 그리고 숨어 있는 가능성의 깨달음에 관한 그 어떤 감상적인 자기 계발 서적보다도 오히려 「팡세」 쪽이 훨씬 더 강한 힘을 가지고 있다.

만약 파스칼의 비관주의가 효과적으로 우리를 위안할 수 있다면, 그것은 아마도 우리가 때때로 부정 때문이 아니라 오히려 희망 때문에 우울해지기 때문일 것이다. 우리를 분노하게 하고 비참하게 하는 주원인은 다름 아닌 희망이다. 우리의 경력에 대한, 우리의 애정 생활에 대한, 우리의 자녀에 대한, 우리의 정치가에 대한, 우리의 지구에 대한 희망인 것이다. 우리의 장대한 포부와 초라한 현실이 불일치함으로써 우리의 실망은 걷잡을 수 없이 시작된다. 그런 실망은 우리를 하루하루 괴롭히고, 우리의 얼굴에 표독스러운 선을 새긴다.

우리의 최악의 통찰은 유니크하고 부끄러운 것이라기보다는 오히려 정상적이고 불가피한 인간의 현실임을 너그럽게 확인해주는 한 저자와 마침내 만나게 되었을 때, 비로소 우리는 위안—껄껄거리는 웃음으로 터트릴 수 있는—을 찾을 수 있다. 내 자신이야말로 불안과 지루함과 질투와 잔인함과 완고함과 나르시시즘을 느낄 수 있는 유일한 인간일지도 모른다는 우리의 두려움은 전혀 근거가 없는 것으로 드러나며, 동시에 우리의 어두운 현실 주변에서 친교를 위한 의외의 기회가 열리는 것이다.

우리는 파스칼을, 그리고 그를 비롯한 기독교 비관주의자의 기나긴 전통에 속하는 사람들을 존경해야만 할 것이다. 왜냐하면 그들은 우리의 죄 많고 불쌍한 현실을 공개적으로 우아하게 다시 알려줌으로써, 우리에게 측정할 수 없을 정도로 큰 호의를 베풀었기 때문이다.


2.

그것은 현대 세계가 상당히 공감하는 입장은 아니다. 왜냐하면 이 세계의 중요한 특징 가운데 하나—그리고 가장 큰 결점—는 바로 낙관주의이기 때문이다.

대개는 시장의 위기, 전쟁, 또는 전염병과 관련된 간헐적인 공황의 시대임에도 불구하고, 세속 시대는 진보에 관한 이야기에 정말 비합리적일 정도로 전념하고 있다. 이런 태도는 세 가지 거대한 변화의 원동력에 대한 구세주적 믿음에서 비롯된 것이다. 바로 과학, 기술, 상업이다. 18세기 중반 이후의 물질적 진보는 매우 주목할 만했으며, 우리의 안락과 안전과 부와 권력을 기하급수적으로 증가시켰고, 결국 비관적인 우리의 능력에 결정적인 일격을 가했다. 그리고 맨 정신으로 낙관적인 우리의 능력에도, 마찬가지 맥락에서, 결정적인 일격을 가했다. 유전자 암호의 해독, 휴대 전화의 발명, 중국 오지에서의 서양식 슈퍼마켓 개업, 허블 망원경의 가동 같은 사건들을 목격하는 상황에서는 우리도 균형 잡힌 판단을 계속할 수 없었던 것이다.

그러나 인류의 과학과 경제가 지금까지 그린 궤적이 지난 몇 세기 동안 줄곧 확고하게 위쪽을 향하고 있었다고 하더라도, 우리가 곧 인류 전체는 아니다. 가령 우리 개인 가운데 어느 누구도 우리 시대에 그토록 뚜렷하고 활기찬 편견을 부여해준 유전공학이나 텔레커뮤니케이션의 획기적인 발전의 한가운데에서만 살고 있지는 않다. 물론 온수 목욕이나 컴퓨터 칩을 이용하게 되어 이익도 조금 얻게 되었지만, 그럼에도 불구하고 우리의 삶은 여전히 사건과 좌절된 야심과 상심과 질투와 불안과 죽음의 공격 앞에서 좌절하고 있다. 이런 점에서 우리는 중세의 조상들과 크게 다를 바가 없다. 하지만 최소한 그 조상들은 종교의 시대에 산다는 한 가지 이점이 있었다. 당시에는 어느 누구도 이 지상에 행복이 영원히 머물러 있을 것이라고 사람들에게 약속하는 오류를 범하지는 않았던 것이다.


3.

그렇다고 해서 기독교가 기본적으로도, 그 자체적으로도 아예 희망이 없는 제도라는 뜻은 아니다. 다만 기독교는 기대를 확고히 내세에 두는, 이 세계 너머 머나먼 곳에 있는 또다른 세계에서의 도덕적, 물질적 완성에 두는 분별력을 지니고 있다는 것이다.

이처럼 희망을 머나먼 영역으로 옮겨놓았기 때문에, 교회는 지상의 현실에 대해서 특이하게도 명료하고 냉정한 태도를 가질 수 있었다. 기독교는 정치가 완벽한 정의를 구현할 수 있다고 보지도 않았고, 충돌이나 논란이 없는 결혼이 가능하다고 보지도 않았고, 돈이 안전을 제공한다고 보지도 않았고, 친구가 항상 충직할 수 있다고 보지도 않았고, 보다 일반적으로는 천상의 예루살렘이 이 평범한 지상에 건설될 수 있다고 보지도 않았다. 우리가 타락한 본성의 난폭한 현실에서 진보할 수 있는 가능성에 대해서, 기독교는 성립 당시부터 실용적으로 온당한 관점을, 그러나 세속 세계는 너무나 감상적이고 비겁하여 결코 포용하지 못했던 종류의 관점을 견지했다. ∨

현대의 이 순간에 종교가 없는 사람은 종교가 있는 사람보다도 훨씬 더 낙관주의적이다. 전자가 후자를 향해서 순진하고 잘 속는 사람이라고 흔히 비웃기도 하는데, 아이러니라고 할 수밖에 없다. 완벽을 향한 세속 세계의 갈망이 매우 격렬해져왔고, 그들은 경제 성장과 의학 연구가 앞으로 몇 년만 더 이루어지면 이 지상에 파라다이스, 즉 낙원이 실현될 수 있을 것이라고 상상한다. 한편으로는 천사에 대한 믿음을 거칠게 깎아내리면서도, 또 한편으로는 IMF와 의학 연구 기관과 실리콘밸리와 민주주의 정치가 힘을 합치면 인류의 질환을 모두 치료할 수 있을 것이라고 진지하게 믿음으로써 드러나는 모순을 뚜렷이 자각하지 못한 채로 말이다.


4.

가장 야심적이고 활력이 넘치는 사람들이야말로, 우리의 무모

완벽에 대한 관념은 차라리 완전히 다른 세계에 옮겨놓는 것이야말로 우리로서는
현명한 일일 것이다. 소(小) 얀 브뤼헬, 「파라다이스」, 1620년경.

한 희망을 어둠—종교가 이미 탐구했던—속에 푹 담가서 기를 꺾어놓아야 할 필요가 있다는 것을 분명히 알아야 할 사람들이다. 다른 누구보다도 종교가 없는 미국인의 경우가 그렇다. 그들은 지상에서 가장 불안하고 실망한 사람들이니, 그들의 나라에서는 노동과 인간관계에서 성취할 수 있는 것에 관해서 가장 극단적인 희망을 그들 자신에게 주입했기 때문이다. 이제부터 우리는 종교의 비관주의가 오직 종교만의 것이라고 생각하거나, 또는 종교가 구원의 희망에 영원히 의존한다고 생각할 수는 없다. 비록 우리가 아는 세상은 지금 이 세상 하나밖에는 없다는 무신론자의 기본적인 교훈에 의해서 우리의 삶이 영위된다고 하더라도, 우리는 낙원을 믿는 사람들의 명민한 시각을 빌리려고 노력해야 한다.


5.

신(新)종교적 비관주의 철학의 논리가 보다 잘 드러나는 곳이 있다면, 바로 결혼—현대 사회에서 가장 슬픈 합의 가운데 하나라고 할 수 있는—일 것이다. 결혼이 실제 이상으로 끔찍한 것처럼 표현되는 까닭은, 결혼이 원칙적으로는 행복을 위해서 이루어져야 한다는 세속의 놀라운 가정 때문이다.

기독교와 유대교에서는 결혼이 항상 즐거운 것만은 아니었다. 게다가 결혼에 대해서 불만을 품는 것은 뭔가 나쁘거나 부당하다는 식의 잘못된 인상 때문에 또다른 고통의 계기가 되었다. 기독교와 유대교는 결혼을 주관적 열성에 의해서 고무되고 지배되는 단순한 결합으로 간주하지 않았다. 대신에, 그리고 보다 적절하게, 개인이 사회에서 어른의 지위를 획득하는, 그리고 가까운 친구들의 도움을 받아 하느님의 인도를 받으며 다음 세대를 기르고 교육하는 메커니즘으로 간주했다. 이처럼 기대가 제한적일 경우, 다른 어딘가에 보다 강렬하거나 아름답거나 또는 덜 위험한 대안이 있을지도 모른다는, 세속 사회에서는 매우 친숙한 의구심을 압도하게 된다. 종교적 이상 속에서는 마찰이나 논쟁이나 권태가 오류의 상징이라기보다는 오히려 계획에 따라서 진행되는 삶의 상징이다.

실용적인 접근 방식에도 불구하고, 종교는 열정적으로 애모하고 싶어하는 우리의 욕망을 분명히 인식했다. 그리고 우리에게 다른 사람을 믿을, 다른 사람을 숭배할, 다른 사람에게 봉사할, 다른 사람에게서 우리에게는 없는 완벽함을 찾아낼 필요가 있음을 알고 있다. 종교는 이런 애모의 대상이 인간적인 것이 아니라 오히려 항상 신적인 것이어야 한다고 주장한다. 따라서 참신하고 매력적이고 고결한 신격(神格)을 등장시켜 우리를 일생 동안 인도하게 하는 한편으로, 인간은 상대적으로 단조로우며 결점이 많은 피조물이기 때문에 용서와 인내의 대상이라는 사실—결혼을 둘러싸고 벌어지는 시시한 말다툼의 와중에서 종종 우리가 놓쳐버리는 구체적인 사실—을 매일같이 우리에게 상기시켰다. "왜 당신은 더 완벽하지 못하지?" 이 질문이야말로 다수의 세속적 논쟁의 밑에 깔려 있는 격앙된 질문임에 틀림없다. 우리가 손상된 꿈 때문에 서로 언쟁을 벌이는 일을 막기 위해서 우리에게 경배의 대상인 천사와 관용의 대상인 연인을 마련해준 것만 봐도, 신앙은 건전한 판단력을 가지고 있다.

신앙은 건전한 판단력에 의해서 우리에게 경배의 대상인 천사와 관용의 대상인 연인을 마련해줄 수 있었다.

6.

비관주의적인 세계관이라고 해서 삶에서 즐거움을 앗아가는 것은 결코 아니다. 비관주의자들의 경우, 그렇지 않은 사람에 비해서 훨씬 더 뛰어난 판단 능력을 가지고 있다. 왜냐하면 그들은 결코 어떤 좋은 결과가 나오리라고 기대하는 법이 없으므로, 가끔 어두운 지평선 너머로 모습을 드러내는 사소한 성공에도 깜짝 놀라게 마련이기 때문이다. 이에 비해서 현대의 세속적 낙관주의자들, 곧 자격에 대한 감각이 잘 발달한 낙관주의자들은 지상 낙원의 건설에 바쁜 나머지, 일상생활에서 볼 수 있는 신비스러운 현상들을 대부분 제대로 즐기지 못한다.

존재는 본래적으로 좌절하기 마련임을, 그리고 우리는 영원히 지긋지긋한 현실에 포위될 수밖에 없음을 시인한다면, 우리는 "고맙습니다"라는 말을 좀더 자주 사용해야 할 것이다. 세속 세계가 감사의 기술에 그다지 익숙하지 못했음은 주목할 만하다. 왜냐하면 우리는 더 이상 추수나 식사나 벌떼나 좋은 날씨에 감사를 표하지 않기 때문이다. 표면적으로는 "고맙습니다"라고 말할 '대상'이 없기 때문이라고 생각할 수도 있다. 하지만 이것은 근본적으로 야심과 기대의 문제라고 해야 더 적당할 것 같다. 우리의 경건하면서도 비관주의적인 조상들이 감사를 표시했던 축복들 가운데 상당수에 대해서 현대인은 내가 매우 열심히 일했으니까 당연한 것이 아니겠느냐고 오히려 자부심을 가진다. 우리는 이렇게 생각한다. 일몰이나 살구 하나에 대해서까지 굳이 감사의 순간을 가져야만 하는 것일까? 차라리 그보다는 더 보기 드문 일을 함으로써 자신을 자랑스럽게 해야 하지 않을까?

이와는 반대되는 겸손의 태도로 우리를 이끌기 위해서, 유대교 통합 회중파의 기도서에서는 다음과 같은 구체적인 기도를 제안한다. 하나는 "한 해에 처음으로 제철 과일을 먹을 때"에 드리는 기도이고, 또 하나는 "가치가 있는 새 옷을 얻었을 때"에 드리는 기도이다. 심지어 인간의 소화기관의 복잡성에 대해서 감탄하는 뜻의 기도도 있다.

"복되신 분, 우리 주 하느님께서는
우주를 창조하시고 인간에게 지혜를 주셨으며
인간 몸에 구멍과 공동(空洞)을 만드셨도다.
당신의 영광의 옥좌 앞에서 밝혀지고
알려진 바, 그 가운데 하나라도 터지거나 막히면
당신 앞에서는 그 무엇도 살아남아 서지 못하리라.
복되신 분, 주님, 모든 육신의 치료자이신
당신께서 놀라운 일을 행하셨네."


7.
현명하게도 종교는 우리가 본래적으로 결함을 가진 피조물이라고 주장했다. 지속적인 행복을 얻지도 못하고, 난처한 성적 욕구에 휩싸이고, 지위에 집착하고, 끔찍한 사고에 노출될 위험이 있으며, 하루하루 죽어가고 있다는 것이다.

종교는 또한 여러 가지 경우에 신이 우리를 도와줄 가능성을 믿는다. 절망과 희망의 결합이 특히 뚜렷하게 나타나는 장소가 있다면, 바로 예루살렘의 서쪽 벽, 통곡의 벽이다. 16세기 후

통곡의 벽, 예루살렘.

반 이후로 유대인들은 이곳에 모여서 창조주에게 각자의 슬픔을 고하고 도움을 구했다. 통곡의 벽의 하단에서, 그들은 각자의 슬픔을 적은 작은 쪽지를 돌 틈새에 집어넣으며, 하느님께서 그들의 고통을 보시고 자비를 베푸시기를 기원한다.

이 방정식에서 하느님을 빼면 우리에게는 무엇이 남을 것인가? 공허한 하늘을 향해서 헛되이 큰 소리로 외치는 인간만이 남을 것이다. 이것은 비극적인 일이다. 만약 우리가 그 공허함으로부터 건질 수 있는 약간의 위안이 있다면, 그것은 적어도 낙담한 사람들이 '함께' 운다는 사실이다. 우리는 한밤중에 침대에 누워서, 끔찍스럽게도 이 세상에서 나만 겪는 듯한 슬픔에 사로잡혀 당혹하는 경우가 너무나 많다. 하지만 통곡의 벽에서는 이런 환상이 불가능하다. 모든 종족이 절망적이라는 것이 명확하기 때문이다. 통곡의 벽은 자칫 우리가 조용히 마음속으로 견뎌야 했을지도 모르는 고통을 있는 그대로—우리의 슬픔은 고통이라는 넓은 바다에서는 미미한 것에 불과하다—드러내주는 장소를 상징한다. 통곡의 벽은 재난은 어디에나 있다는 확신을 우리에게 다시 심어주고, 현대 문화가 뜻하지 않게 만들어낸 명랑한 가설을 확실히 고쳐 쓰는 역할을 한다.

우리가 사는 도시의 거리 저 높은 곳에서 번쩍이는 청바지와 컴퓨터 광고에서 우리는 통곡의 벽의 전광판 버전—우리 내면의 근심을 익명으로 방송해줌으로써, 살아 있다는 것이 무엇인지에 대해서 명료하게 느끼도록 해주는—을 찾아내야 한다. 예루살렘에서는 하느님만이 볼 수 있었던 것들, 곧 타인이 겪는 불운의 구체적인 내용, 상심의 모습, 무너진 야심, 성적인 실패, 질투의 교착 상태, 경제적 파산처럼 평소에 우리의 태연한 모습

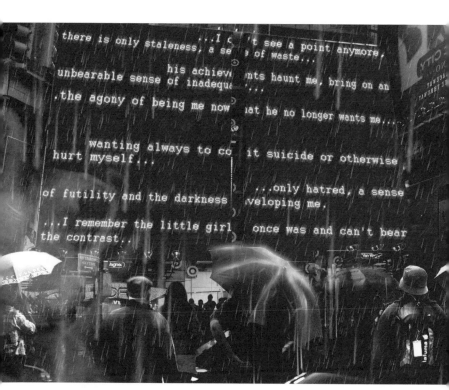

there is only staleness, a se...I c...'t see a point anymore, of waste...

his achiev...nts haunt me, bring on an unbearable sense of inadequa...

...the agony of being me now...at he no longer wants me...

wanting always to co...it suicide or otherwise hurt myself...

of futility and the darkness...only hatred, a sense veloping me.

...I remember the little girl...once was and can't bear the contrast...

가장 중대한 문제에 대해서는 아무런 해결책도 없지만, 유독 우리만이 박해당한다는 환상 속에서 고민할 필요는 이제 다시 없을 것이다.

뒤에 감추어져 있는 것들을 전광판 벽에서 우리가 잠깐 볼 수 있기만 해도, 그 벽은 우리에게 큰 위안이 될 것이다. 그 벽은 타인 역시 각자의 어리석음에 관해서 걱정하고, 허비한 여름휴가가 얼마나 되는지 계산하고, 이미 10년 전에 떠나간 누군가를 생각하며 눈물 흘리고, 아둔하고 조급하기 때문에 성공의 기회를 날려버린다는 사실을 다시 확신시키는 증거들이 될 것이다. 이런 현장에서는 아무런 해결책도 제공되지 않고, 고통도 끝나지 않지만, 다만 우리의 고통과 탄식 속에서 어느 누구도 혼자가 아니라는 기본적인, 하지만 무한히 위안이 되는 공개 시인만이 있을 것이다.

# VII

관점

1.

무신론자에게 가장 위안이 되는 구약성서의 내용은 바로 욥기일 것이다. 왜냐하면 그 책은 왜 착한 사람에게 나쁜 일이 일어나는지 하는 테마를 다루고 있기 때문이다. 그런데 욥기는 정작 이 질문에 대해서 간단명료하면서도 신앙에 근거한 답변을 제공하지 않는다. 대신 욥기는 어떤 사건이 왜 하필이면 그렇게 발생했는지 우리로서는 알 길이 없다고, 또한 고통을 항상 처벌로 해석할 필요는 없다고, 또 우리는 수수께끼로 가득한 우주에서 살고 있다고 주장한다. 그 우주에서는 우리의 운명에서 생기는 의외의 반전 따위는 큰 사건도 아니고, 우리가 문제를 충분히 뒤로 물러나서 생각해보면 쉽게 알 수 있듯이 중요한 사건도 아니라고 주장한다.

욥기는 동명의 주인공 욥을 소개하면서 시작된다. 우스에 사는 욥은 생각할 수 있는 모든 호의를 하느님에게서 받은 듯한 인물이다. 우리 앞에 처음 등장했을 때 욥은 큰 집에 살고 있으며, 성격은 덕스럽고도 자기 처지에 만족해하는 인물이다. 그에게는 아들이 7명, 딸이 3명, 양이 7,000마리, 낙타가 3,000마리, 수소가 500마리, 나귀가 500마리나 있다. 그런데 어느 날 단하루 동안에 가족과 가축에게 일련의 처참한 재난이 닥쳐왔다. 우선 난폭한 스바 사람의 무리가 그의 수소와 나귀 떼를 모조리 약탈한다. 곧이어 엄청난 폭풍과 함께 번개가 치면서 양떼가 모조리 몰살당한다. 이웃 부족인 칼데아 사람이 낙타 떼를 모조리 훔쳐가버린다. 그중에서도 최악은 사막에서 폭풍이 불어와서 욥의 큰아들의 집이 무너진 것인데, 결국 집 속에서 잔치를 벌이던 큰아들과 형제자매 9명이 모조리 죽게 된다.

이런 고난으로는 충분하지 않다는 듯이 이번에는 욥의 몸이 수수께끼의 피부병에 걸려서 움직일 때마다 고통을 느끼게 된다. 풍비박산이 난 직후에 욥은 공포와 슬픔에 잠긴 채 잿더미 위에 앉아서 깨진 도기 조각으로 몸을 긁으며, 왜 이런 일이 자기한테 일어났는지 하느님에게 묻는다.

욥의 친구들은 이 질문에 대한 답변을 알고 있다고 자부한다. 십중팔구 그가 무슨 죄를 저질렀기 때문이라는 것이다. 수아 사람 빌닷은 하느님이 욥의 자녀를 죽인 까닭은 그들이, 그리고 욥 본인이 뭔가 큰 잘못을 저질렀기 때문일 것이라고 확신한다. "하느님은 의로운 사람을 버리지 않으신다." 빌닷은 이렇게 주장한다. 나아마 사람 초바르는 심지어 욥이 저지른 범죄가 너무나 끔찍한 것인지 모른다고 암시하고, 오히려 하느님이 욥을 관대하게 대해주시는 것이라고 주장한다. 왜냐하면 주님은 항상 처벌보다는 용서를 더 많이 하기 때문이라는 것이다.

그러나 욥은 이런 설명을 모두 거절하며, 하나같이 "재 같은 격언"이고 "흙으로 쌓은 요새"에 불과하다고 한다. 그는 자기가 죄를 짓지 않았음을 잘 알았다. 그렇다면 왜 이런 곤란이 닥친 것일까? 왜 하느님은 그를 포기했을까? 하느님은 과연 존재할까?

네 사람의 토론이 더 오래 진행된 끝에, 야훼가 직접 욥에게 답변을 하러 나선다. 사막의 돌풍 속에서 하느님이 격렬하게 천둥처럼 소리친다.

지각없는 말로
내 뜻을 어둡게 하는 이 자는 누구냐?

사내답게 네 허리를 동여매어라.

너에게 물을 터이니 대답하여라.

내가 땅을 세울 때 너는 어디 있었느냐?

네가 그렇게 잘 알거든 말해보아라.

빛이 갈라지는 길은 어디 있느냐?

샛바람이 땅 위에서 흩어지는 그 길은?

누구의 모태에서 얼음이 나왔느냐?

또 하늘의 서리는 누가 낳았느냐?

네가 하늘의 법칙들을 아느냐?

네 슬기로 매가 날아오르고

남녘을 향해 그 날개를 펴느냐?

너는 갈고리로 레비아탄을 낚을 수 있으며

줄로 그 혀를 내리누를 수 있느냐?


결국 하느님의 존재와 윤리적 의도에 관한 욥의 직접적인 도전에 대하여 간접적인 대답이 나온 셈이었다. 여기에서 하느님은 인간이 아는 바가 얼마나 적은지를 설명한다. 연약하고 유한한 피조물인 인간이, 어찌 감히 하느님의 행동하는 방식을 이해할 수가 있겠는가? 하느님은 묻는다. 그리고 인간의 무지를 고려해볼 때, 어찌 감히 인간이 '부당하다'거나 '불합리하다'는 단어를 쓸 수 있겠는가? 우주에는 인간이 적절하게 해석할 수 없는 비밀이 많으며, 따라서 인간은 자신의 결점투성이의 논리를 감히 우주에 적용하지 말아야 한다. 인간은 우주를 존재하게 만들지도 않았으며—때때로 이와는 반대의 느낌을 받기도 하지만—우주를 지배하거나 소유하지도 못한다. 하느님은 욥의 관심을 자연의 거대함과 다양함 쪽으로 돌림으로써, 그가 더 이상 자신의 삶에서 벌어진 사건에만 사로잡히지 못하게 한다. 그는 지구의 형성에서 별자리의 궤적에 이르기까지, 날아가는 매의 높이에서부터 산에 사는 염소의 산고에 이르기까지, 존재의 전체성을 드러내는 거대한 광경을 펼쳐 보인다. 그렇게 함으로써 우스에 사는 이 인간에게 경외감을 다시 주려는 것이었다.

이 전략은 제대로 작동했다. 욥은 자신을 능가하는 규모를 상기하고, 우주의 연대와 크기와 신비를 깨닫는다. 하느님의 돌풍, 그리고 낭랑하고도 장엄한 말씀은 그 자리에 있던 회중에게 환희의 공포를 야기한다. 즉 하느님은 회중에게 영원의 작동 방식에 비하면 인간의 재난이란 얼마나 하잘것없는 것인가를 느끼게 함으로써, 이제는 욥도, 그리고 어쩌면 우리도 삶에서 일어나게 마련인 이해 불가능하고 도덕적으로 모호한 비극을 좀더 즐거운 마음으로 받아들이게 한다.


2.

욥이 하느님으로부터 교훈을 얻은 때로부터 수천 년이 지난 뒤, 이번에는 베네딕투스 데 스피노자라는 또다른 유대인이 앞서와 똑같은 주장을 보다 세속적인 언어로 다시 구성하는 일에 착수했다.

스피노자는 구름 속에 살면서 산꼭대기에서 추종자를 향해서 말씀하는 의인화된 지고의 존재에 대한 관념을 매우 싫어했다. 그에게는 "하느님"이라는 것이 단지 우주를 창조한 힘, 제1원인, 또는 철학자들이 좋아하는 용어에 따르면 카우사 수이

(causa sui), 즉 "자기 원인"을 가리키는 학술 용어에 불과했다.

철학적 구성물인 이 하느님은 스피노자에게 상당한 위안을 주었다. 좌절과 재난의 순간에는 우주적 관점을 차용하고, 또는 상황을 다시 상상해보라고 권한다. 즉 그의 유명한 시적인 조어에 따르면 '수브 스페키에 아에테르니타티스(sub specie aeternitatis)', 즉 "영원의 견지에서" 바라보는 것이다. 당대의 새로운 기술에, 그중에서도 특히 망원경에, 그리고 그 도구에서 비롯된 다른 행성에 관한 지식에 매료된 스피노자는 우리에게 상상력을 이용하여 자기 자신에서 벗어나는, 그리고 우리의 의지를 우주의 법칙에 종속시키는 연습을 권했다. 비록 이런 일이 우리의 의도와는 반대 쪽에 있는 것처럼 보이더라도 말이다.

그렇다면 우리는 하느님이 욥에게 한 충고에서 그리 멀지 않은 곳에 있는 것 같다. 거부된 중요성을 계속 고집함으로써 우리의 굴욕을 극복하려고 시도하느니보다 차라리 우리의 본질적인 무가치함을 이해하고 받아들이려고 노력해야 한다는 것이다. 신이 없는 사회의 현저한 위험은 초월적인 것을 상기시키는 장치가 결여되어 있다는, 따라서 절망과 궁극적인 절멸에 채 준비가 되지 않은 우리를 이 세상에 남겨두었다는 점이다. 신이 죽었을 때, 인간은 절체절명의 상태에서 심리학적 중심 무대에 나서야만 하는 위험에 직면하게 되었다. 인간은 자기 운명을 자기가 결정할 수 있다고 상상했으며, 자연을 짓밟았으며, 지구의 리듬을 잊어버렸고, 죽음을 부정했고, 자신들의 손아귀를 빠져나가는 모든 것을 과대평가하거나 그렇지 않으면 존중하지 않게 되었으며, 급기야 현실의 날카로운 가장자리에 충돌하는 재난을 당하게 되었다.

우리의 세속 세계는 우리를 부드럽게 제자리에 놓아줄 만한 의식이 부족하다. 대신에 우리에게 현재의 순간이 역사의 정점이며, 우리 인간의 성취가 만물의 척도라고 생각하도록 유혹한다. 이런 과도한 생각이야말로 우리를 연속되는 불안과 질투의 소용돌이로 밀어 넣고 있다.

3.

종교는 무엇보다도 우리를 초월하는 어떤 상징이며, 또한 우리의 하찮음에 대한 인식을 이용한 교육이다. 종교는 우리를 보잘것없게 만들어버리는 모든 존재, 곧 빙하, 대양, 미생물, 신생아, 또는 밀턴의 「실락원」 중에서도 특히 울림이 큰 한 구절("광포한 불의 홍수와 돌풍……")에 대해서 자연스럽게 공감하게 한다. 우리보다 더 크고, 더 연륜이 많고, 더 뛰어난 누군가에 의해서 우리가 지금의 자리에 놓였다는 것은 결코, 우리에게 굴욕이 아니다. 이렇게 인정할 때 우리는 비로소 우리의 삶에 대한 과도하게 희망적인 우리의 야심으로부터 구제받을 수 있다.

그런 관념을 책에서 대략 서술하는 것만으로는 충분하지 않다는 것을 깨달았다는 점에서 종교는 철학보다 더 예리하다. 물론 우리가 사물을 항상 '수브 스페키에 아에테르니타티스'하게 바라볼 수만 있다면 정말 이상적이다. 하지만 확고하고도 지속적으로 생각하지 않는 한, 우리에게 그런 습관이 쉽게 자리 잡지 않을 것이다.

종교의 보다 재빠른 솔선 행위 가운데에는 초월적인 것을 정기적으로 제공하는 역할을 하는 것도 있었다. 가령 아침 기도와

피카딜리 서커스의 벽면 스크린에 투사된 메시에 101 은하의 모습. 큰곰자리의 일부분인 이 은하를 허블 망원경으로 바라본 것이다.

주말 예배, 추수 감사제와 침례, 욤 키푸르와 종려 주일 같은 것이 그렇다. 세속 세계는 이에 상응하는 기념일, 상상력을 발휘해서 지상의 도시로부터 걸어 나와서 보다 크고 보다 우주적인 척도에 의해서 우리의 삶을 다시 조정하는 기념일의 수효가 부족하다.

이런 재평가의 과정이 무신론자와 신앙인 모두에게 열려 있는 공통의 접근점을 제공할 수 있다면, 그것은 아마도 욥기와 스피노자의 「에티카」 양쪽 모두에 언급되어 있는 인간 본성의 한 요소를 통해서 제공될 수 있을 것이다. 그 한 요소란 바로 별이다. 세속적인 사람이 구제의 경외감을 경험할 수 있는 최선의 기회는 바로 별을 관찰함으로써 찾아오기 때문이다.

우리를 위해서 별을 해석하는 임무를 공식적으로 담당하고 있는 과학자들은 그 주제의 치유적인 중요성을 거의 인식하지 못했다는 점에서 근시안적이다. 엄격한 과학적 언어를 통해서 우주 개발 관련 기구는 우리에게 천체의 특성과 경로에 관한 정보를 제공한다. 하지만 천문학이 지혜의 원천이 될 수 있다거나, 또는 고통의 훌륭한 개선책이 될 수 있다는 가능성까지 고려하지는 않았다.

과학이 우리에게 중요한 까닭은 우리가 세계의 일부분을 지배할 수 있도록 도와주기 때문만이 아니라, 우리가 '결코' 정통할 수 없는 것들을 보여주기 때문이다. 따라서 우리는 마치 신앙인이 하느님을 매일 묵상하듯이, 1광년에 해당하는 9조5천억 킬로미터에 관해서 묵상하거나, 우리 은하에서 지금까지 발견된 것들 가운데 가장 큰 별―지구에서 7,500광년 떨어져 있는 용골자리 에타 별은 크기가 태양의 400배이고 밝기는 400만 배에 달한다—의 광도에 관해서 묵상해야 하는 것이다. 또 우리의 달력에 가령 큰개자리에 있는 적색 초거성—지구에서 5,000광년 떨어져 있으며, 태양보다 2,100배나 더 크다—을 기리는 기념일을 만들어놓아야 한다. 밤이면 우리는 우리 은하에 속한 2,000억에서 4,000억 개에 달하는 별들이며, 우주에 속한 1,000억 개의 은하며, 3셉틸리언($10^{24}$) 개의 별들을 관찰하기 위해서 침묵의 순간을 지켜야 하는 것이다. 과학에서 별들이 지닌 가치가 어떻든지 간에, 인류에게 별들은 우리의 과대망상이며 자기 연민이며 불안에 대한 해법 이상의 가치를 가지지는 못할 것이다.

우리는 우리의 감각을 통해서 초월의 관념과 계속해서 접촉해야 하는 필요성에 답변하기 위해서, 공개적인 장소에 잘 보이도록 설치된 텔레비전 스크린 가운데 일정 수는 우주 망원경에서 수신된 이미지를 실시간으로 중계해야 한다고 요구해야 할 것이다.

그런 다음에야 우리의 좌절, 우리의 상심, 우리에게 전화하지 않은 사람을 향한 우리의 증오, 우리를 스쳐 지나간 기회에 대한 우리의 미련 같은 것들을 그런 우주의 이미지와 비교함으로써 위안을 얻을 수 있다. 가령 우리에게서 2,300만 광년 떨어진 큰곰자리 별자리의 왼쪽 아래 한구석에 앉아 있는 나선형 구조의 메시에 101과 같은 은하만 해도, 우리는 우리의 현재에 관해서는 전혀 알 수 없지만, 장엄한 모습으로, 우리를 분열시키는 그 모든 것으로부터 완전히 초연함으로써 오히려 우리에게 위안을 전해주기 때문이다.

# VIII

미출

1.

일부 무신론자들의 경우, 그들이 종교를 포기할 때에 부딪히는 가장 어려운 측면들 중 하나는 교회 미술을, 그리고 그 속에서 찾을 수 있는 아름다움과 정서를 모두 포기해야 하는 것이었다. 하지만 그들 앞에서 이런 아쉬움을 큰 목소리로 말하다가는 자칫 감상적인 향수에 젖어 있다는 비난을 받게 마련이다. 그리고 곧이어 다음과 같이 퉁명스럽게 상기시켜줄지도 모른다. 세속 사회 역시 나름대로의 미술을 발전시키지 않았느냐고, 그리고 그것이야말로 일찍이 종교가 독점했던 미술적 기호를 충족시켜주는 고도로 효과적인 수단이 되지 않았느냐고 말이다.

이런 비신앙인들은 다음과 같이 지적할 가능성이 있다. 우리가 더 이상 교회를 짓지 않더라도, 건축가들은 우리의 시각적 이상을 만족시키기 위해서 웅장한 건물을 짓는다는 것이다. 최고의 건축가들이 이런 구조물을 설계할 기회를 잡기 위해서 겨룬다. 그 구조물이야말로 우리의 도시를 지배한다. 전 세계에서 순례자들을 불러 모으며, 우리를 경탄하게 하는 전시실에 들어서는 순간에 우리는 본능적으로 목소리를 낮추게 된다. 여기에서 우리는 흔히 유추할 수 있을 것이다. 우리의 미술관이 우리의 새로운 교회가 되어왔다는 것을.

이런 주장을 접하면, 즉시 상당히 그럴듯하다는 느낌을 받게 된다. 양쪽의 유사성은 정말 논의의 여지도 없는 것 같다. 미술관 역시 교회와 마찬가지로 비할 데 없는 지위를 누리고 있다. 외국인 방문객을 안내할 때, 우리가 가장 기뻐하고 숭배하는 것이 무엇인지를 보여주기 위해서 찾는 곳이 바로 미술관이다. 미술관 역시 교회와 마찬가지로 잉여 자본을 기꺼이 희사한 부자들 덕분에 유지되는 기관이다. 그들은 그들의 자본 축적 과정에서 저질렀을지도 모르는 죄악을 깨끗이 세탁하기 위해서 부를 희사하는 것이다. 더구나 미술관에서 보내는 시간은 교회의 예배에 참석한 시간과 똑같은 심리적 위안을 준다. 역시 우리는 이곳에서 마치 자기보다 더 큰 무엇인가와 교제하는 듯한, 그리고 혼탁하고 불경건한 이 세상으로부터 격리된 듯한 감정을 체득한다. 우리는 심지어 미술관에서도 가끔 교회에 있을 때처럼 지루함을 느끼지만, 그곳을 나설 때만은—딱 꼬집어 말할 수 없지만—이전보다 조금이라도 더 나은 사람이 되었다는 기분이 들 것이다.

대학과 마찬가지로 미술관은 신앙의 전반적인 감퇴로 인해서 생긴 간극을 메워주겠다고 약속한다. 미술관 역시 우리에게 미신이 배제된 의미를 부여하기 위해서 만들어졌다. 세속 서적이 복음서를 대체할 수 있으리라고 희망한 것과 마찬가지로, 미술관은 교회의 미학적 책임을 넘겨받을 수 있을 것이다.


2.

이런 논제가 제아무리 그럴듯하게 들린다고 해도 물론 오류는 있다. 그것도 앞에서 우리가 대학 내에서 문화를 가르치는 것에 관한 주장에서 살펴보았던 오류에 상응하는 오류이다. 미술관이야 이론상으로는 일찍이 종교가 담당했던 필요를 충족시켜줄 만한 역량을 충분히 갖추었을 수도 있다. 하지만 실제로 미술관은 대학과 마찬가지로 그 잠재 능력의 상당 부분을 포기하게 되는데, 이것은 바로 미술관이 위탁받은 귀중한 물건들을 다루는 방식 때문이다. 미술관은 참으로 중요한 물건들을 우리에게 보여주기는 하지만, 그런 물건들을 영혼의 필요와 적절하게 연결시키는 역량까지는 갖추지 못한 듯하다. 우리 역시 올바른 그림을 잘못된 액자를 통해서 바라보는 경우가 너무 잦다. 하지만 낙관주의를 가져야 할 이유가 있다면, 그것은 미술관과 대학 간의 또다른 유사성 때문이다. 두 기관 모두 각각의 불확실한 가설들 가운데 일부를 조명하기 위해서 종교적인 통찰을 기꺼이 이용한다는 점이다.

현대의 미술관이 생소하기는 하지만, 막상 답변하기에는 어려움을 느끼게 되는 근본적인 질문은 이렇다. 왜 미술이 문제가 되어야 하는가? 미술관은 미술의 중요성을 높이 외치며, 이런 구호에 걸맞게 정부며 기부자며 방문객을 불러모은다. 하지만 이런 중요성의 실제 근거가 무엇인지에 대해서는 미술관도 결국 호기심을 끄는 기관 특유의 침묵을 지킬 뿐이다. 우리는 미술관 측의 주장—실제로는 미술관이 내놓은 적도 없는—에서 중요한 단면들을 놓쳤다고 느낀다. 미술이 문제가 되어야 하는 이유는 미술이 매우 중요하기 때문이라는 동어반복적 주장을 계속하는 것에 불과한데도 말이다.

그 결과로 우리는 전시실에 들어설 때마다 엄숙한 태도를 취하게 된다. 비록 내심으로는 우리가 그 안에서 도대체 무엇을 해야 하는지 의구심이 때때로 떠오르지만 말이다. 우리가 결코 해서는 안 될 일이 있다면, 바로 미술 작품—특히 종교에 뿌리를 둔 미술 작품(대개가 그런 경우지만)—을 '종교적으로' 대하는 것이다. 현대의 미술관은 방문객이 한때 신성하게 모시던 물건 앞에 무릎을 꿇고 울면서 위안과 인도를 간구하는 장소

는 결코 아니다. 여러 나라에서는 미술관을 보란 듯이 새롭고
도 세속적인 환경 속에 지어놓고, 종교 미술 작품에서 신학적인
맥락을 제거해버린다(그것이야말로 그 작품의 제작자의 바람과
는 반대이겠지만). 1792년에 프랑스에 혁명 정부가 들어서면서
국가가 가톨릭 교회와 공식적으로 단절되자, 불과 사흘 만에
프랑스 최초의 국립 미술관이 루브르 궁전에 설립된 것도 우연
이 아니었다. 곧 루브르의 전시실마다 프랑스 가톨릭 교회에서
약탈한 물건들이, 나중에는 나폴레옹의 원정에 의해서 유럽 전
역의 수도원과 교회에서 가져온 물건들이 쌓이게 되었다.

우리는 이제 미술 작품 앞에서 기도할 수 없지만, 대신 미술
작품에 관한 사실들을 수집해야 한다는 권유를 받는다. 미술
"전문가"가 된다는 것은 십중팔구 미술에 관해서 많은 것을 안
다는 뜻이다. 가령 어떤 미술 작품이 제작된 곳이며, 그것을 산
사람이며, 그 작가의 부모가 어디 출신이며, 그에게 어떤 예술적
영향을 끼쳤는지를 안다는 뜻이다.

루브르의 한 중세 전시실에는 「성모와 성자」라는 제목의 작
은 조각상이 있는데, 원래는 1789년에 생 드니 성당에서 약탈한
것이다. 이 미술관에 들어오기 전의 수백 년 동안 사람들은 이
조각상 앞에 무릎을 꿇고, 성모 마리아의 동정과 평온으로부
터 힘을 얻었다. 하지만 설명과 카탈로그 항목만 가지고 판단
하면, 현대의 루브르의 관점에서 우리가 실제로 그 조각상에 대
해서 해야 할 일은 그 작품을 '이해하는' 것뿐이다. 즉 그 조각
상은 은도금이 되어 있으며, 성모 마리아가 한 손에 들고 있는
것은 수정으로 만든 붓꽃이고, 이 작품이야말로 14세기 전반
기 파리에서 유행한 금속 공예의 전형이며, 이 조각상의 전체적

우리가 성모에게 기도를 할 수 없다면 과연 무엇을 해야 한단 말인가? 「성모와 성자」, 1324년경. 1789년에 파리의 생 드니 성당에서 몰수된 것이다.

인 모양은 「자애의 성모」라는 비잔틴 작품에서 유래한 것이고, 그리고 13세기 말에 토스카나의 장인들이 처음 개발한 반투명의 얇은 돋을새김 법랑 세공품 가운데 프랑스에서는 가장 오래된 것이라는 등이다.

불행히도 미술 작품이 주로 구체적인 정보의 저장고로서만 우리 앞에 제시될 경우, 열성적인 소수를 제외한 대부분의 사람들은 미술 작품에 대한 관심을 금세 잃어버릴 것이다. 이런 무관심을 보여주는 하나의 척도가 독일의 사진작가 토마스 슈트루트의 연작 사진인데, 관광객들이 세계의 유명한 미술관 몇 군데를 둘러보는 모습이 묘사된다. 관광객들은 다른 작품들에는 별로 매력을 느끼지 못하는지 「수태고지」와 「십자가에 못박힌 그리스도」 앞에 멍하니 서서 카탈로그를 열심히 뒤적인다. 아마도 작품의 제작 연도나 화가의 이름을 알아보려는 모양이다. 정작 하느님의 아들의 근육질 다리를 따라 진홍색 피가 흘러내리고, 파란 하늘에 비둘기 한 마리가 맴도는 광경이 눈앞에 펼쳐져 있는 것에는 아랑곳하지 않는다. 그들은 미술에 의해서 자신이 변하기를 원하는 듯하지만, 그들이 고대하는 천둥번개는 결코 치지 않을 것 같다. 그들은 오히려 실패한 강령회(降靈會)에 참석하고 실망한 사람들처럼 보인다.

우리 시대의 미술을 살펴보면, 미술관 방문객의 한결같은 이런 당혹감은 증가하고 있을 뿐이다. 우리는 알파벳들을 묘사한 커다란 네온사인을 바라본다. 젤라틴 같은 물이 들어 있는 통을 들여다본다. 그 안에는 모터에 연결된 알루미늄 판이 들어 있고, 그 판이 앞뒤로 움직이며 인간의 심장 박동 같은 증폭된 소리를 낸다. 우리는 나이 많은 여자가 사과를 하나 써는

카페테리아를 연상하지 않을 수 없다. 토머스 슈트루트, 「내셔널 갤러리 I, 런던」, 1989년.

이 앞에서 우리는 무엇을 할 수 있을까? 피오나 배너, 「모든 단어를 파괴하다」, 2007년.

광경을 찍은 입자가 거친 영화를 보는데, 사이사이에 초원을 달려가는 사자의 모습이 삽입된다. 그런데 이게 도대체 무슨 뜻이냐고 물어보는 것은 오직 바보나 반동주의자나 하는 짓이라고 우리는 생각한다. 확실한 것은 미술가도, 미술관도 우리를 도와주지 않으리라는 것이다. 벽면의 설명 또한 최소한도이다. 카탈로그는 마치 수수께끼 같은 문장의 나열이다. 이런 상황에서 손을 들고 질문하는 사람은 참으로 용감한 사람일 것이다.


3.

반면에 기독교는 미술이 무엇인지에 관해서 우리에게 아무런 의구심도 남겨놓지 않는다. 미술은 무엇이 문제가 되는지를 우리에게 알려주기 위한 하나의 매체일 뿐이다. 그것은 우리가 올바른 영혼을 소유한 온전하고도 착한 사람이 되고 싶다면, 숭배하거나 미워해야 할 것들로 우리를 안내하는 데에 필요할 것이다. 미술이란 우리가 사랑해야 하고 고마워해야 하는 것에 관한, 그리고 우리가 멀어져야 하고 두려워해야 하는 것에 관한 기억을 강제로 불러일으키는 메커니즘이다.

독일의 철학자 헤겔(1770-1831)은 미술을 "관념의 심미적인 표상(表象)"이라고 정의했다. 즉 미술은 일반 언어와 마찬가지로 개념을 전달하는 일을 담당한다. 다만 미술은 우리의 감각과 이성을 '모두' 통해서 우리에게 전달된다는 점, 또 이런 이중의 전달 방식이 놀랄 만큼 효율적이라는 점이 특징적이다.

이 책의 친숙한 테마들 가운데 하나로 돌아가면, 우리에게 미술이 필요한 이유는 우리가 잘 잊어버리기 때문이다. 우리는 신체만이 아니라 정신을 가진 피조물이며, 따라서 미술은 우리의 무기력한 상상력을 자극해야 하고, 우리에게 철학적 설명으로는 불가능한 방식으로 동기를 부여해야 한다. 우리의 가장 중요한 생각 가운데 상당수는 일상생활에서 보잘것없고 간과되기 쉽고, 그 진실은 우연히 마모되어 사라지기도 한다. 우리는 친절하고 용서하고 자비로워야 한다는 것을 이성적으로는 알지만, 평소에는 이런 형용사의 의미를 깡그리 쉽게 잊어버리기도 한다. 그러나 우리의 감각을 통해서 우리를 사로잡으며, 우리를 놓아주지 않는—왜 이런 특성들이 문제가 되는지, 그리고 사회의 균형과 건전성을 위해서는 이런 특성들이 얼마나 필요한지를 우리가 적절하게 기억하고 나서야 비로소 놓아주는—작품을 만나야만 상황이 달라진다. 심지어 '사랑'이라는 단어조차도 추상적인 상태에서는 무의미하고 진부해지는 속성을 가지고 있다. 우리는 손자에게 사과 퓌레를 떠먹이는 조부모를 찍은 사진을 보거나, 또는 성모와 성자의 낮잠 시간을 묘사한 15세기의 그림을 보고 나서야 상황이 달라진다. 그제야 우리는 왜 사랑이 인간성의 핵심에 있는지를 기억하는 것이다.

우리는 헤겔의 정의를 약간 바꿈으로써 그것을 기독교의 통찰과 일치시킬 수 있을 것이다. 훌륭한 미술은 영혼의 적절한 기능을 위하여 가장 중요한 관념들, 만족과 미덕을 위한 우리의 능력의 근거가 되면서도, 우리가 가장 잘 잊어버리는 관념들의 심미적인 표상이다.

기독교는 미술에 교육적, 치유적 임무를 부여하는 것을 결코 어색하게 생각한 적이 없었다. 기독교 미술은 선전의 역할을 상당히 담당했다. 비록 지금은 사전에 등장하는 단어 중에서도

미술은 영혼의 건강을 위해서 중요한 관념들의 심미적 표상이다. 위의 도판은 사랑
을 기억시키는 역할을 한다. 위:필리피노 리피, 「아기 예수 경배」, 1480년대 초. 아래:
오드리 바도, 손자 손녀와 함께 있는 할아버지, 2008년.

가장 무시무시한 것 가운데 하나가 되었지만—특정한 역사적 정권이 초래했던 불길한 목표의 영향이 없지 않다—선전은 본질적으로 중립적인 개념이며, 특정한 방향이 아니라 단지 영향력만을 암시하는 개념이다. 선전이라고 하면 퇴폐와 몰취미한 포스터를 연상하기 쉽지만, 기독교는 선전이야말로 겸손, 우정, 용기 같은 미덕들에 대한 감수성을 심미적으로 향상시키는 것과 동의어라고 생각했다.

14세기부터 19세기 말까지 로마에는 교수대에까지 사형수들을 따라가서 그들의 눈앞에 타볼레테(tavolette)를 보여주는 일을 담당하는 단체가 있었다. 타볼레테란 그리스도의 이야기를 묘사한 그림—대개는 십자가에 못 박힌 그리스도나, 성모와 성자의 그림—이 있는 작은 판자이다. 이런 그림이 사형수에게는 마지막 순간에 위안을 줄 수 있으리라고 생각되었던 것이다. 이미지가 지닌 구제의 능력에 대한 믿음을 이보다 더 극단적으로 보여주는 사례를 찾아보기는 힘들겠지만, 이 단체는 기독교 미술이 몰입했던 임무 가운데 하나를 실천에 옮긴 것뿐이었다. 즉 어려운 순간마다 가장 중요한 생각의 사례를 우리 눈앞에 놓아둠으로써 우리가 살 수 있도록, 그리고 죽을 수 있도록 도와주는 것이다.


4.

이런 중요한 생각들 중에서도 기독교에서 가장 의미가 큰 것은 바로 고통의 개념이다. 종교에서 보기에 우리 모두는 태생적으로 약점을 지닌 존재이므로, 살아가면서 정신과 신체가 지독한

삶의 중요한 순간에서의 미술의 역할. '타볼레테'

고통을 겪을 수밖에 없다. 또한 기독교는 우리가 고통을 겪을 때에 혼자라고 느낌으로써 그 고통이 더욱 악화될 수 있음을 알고 있다. 하지만 우리는 대체로 자기가 겪는 고통의 내용을 타인에게 전달하는 데에도 별로 뛰어나지 못하며, 마찬가지로 타인이 태연한 외관 뒤에 숨겨놓은 슬픔을 감지하는 데에도 별로 뛰어나지 못하다. 따라서 우리 자신의 방치된 상처를 이해하고, 일상적인 대화에서 드러나지 않는 모든 것을 파악하고, 우리의 가장 혐오스럽고 열등한 자질로 인한 비생산적, 고립적 관계에서 벗어나도록 자신을 설득하기 위해서라도, 우리에게는 미술의 도움이 절실히 필요하다.

1천 년 이상이나 기독교 미술가들은 가령 손바닥에 크고 녹슨 못이 박히고, 채찍을 맞은 옆구리의 상처에서 피가 흐르고, 어깨에 짊어진 십자가의 무게 때문에 다리마저 부러져 가파른 언덕을 올라가는 것이 과연 어떤 기분인지를 우리가 느끼게 하기 위해서 에너지를 쏟았다. 그들의 목적은 이런 고통의 묘사에서 잔인함을 드러내는 것이 아니었다. 그 묘사는 다만 도덕적이고 심리적인 발달을 의도하고, 우리의 결속감과 동정의 힘을 향상시키는 방법을 의도한 것이었다.

1512년 봄, 마티아스 그뤼네발트(1460-1530 : 르네상스 시대의 독일 화가. 그리스도의 수난을 주로 그렸다/역주)는 프랑스 북동부 지방의 이젠하임의 성 안토니우스 수도원의 제단 장식화를 그리는 작업을 시작했다. 이곳의 수도사들은 병자 간호를 전문으로 했으며, 특히 맥각병(麥角病) 환자를 많이 돌보았다. '성 안토니우스의 열병'이라고도 하는 맥각병은 발작과 환각과 괴저를 일으키는 치명적인 질환이었다. 그뤼네발트의 제단 장식화가 완성된

뒤부터 이 수도원에 오는 병자들은 예배당에서 이 그림을 구경하는 것이 관례처럼 되었다. 그렇게 함으로써 지금 자신이 겪고 있는 고통은 한때 하느님의 아들 역시 똑같이, 아니 더 심각하게 겪었던 것임을 이해하게 되었다.

그리스도 이야기가 지닌 위력은 그리스도가 이제껏 세상 누구도 경험하지 못했던 엄청난 고통 속에서 죽었다는 주장으로부터 비롯된다. 따라서 그는 질병과 슬픔으로 고통받는 인류를 향해서, 그런 상황에 있는 것은 단지 그들만이 아니라는 명백한 증거를 제공한 것이었다. 비록 고통 자체를 면제해주지는 못하더라도, 이런 흔치 않은 형벌이 왜 나에게만 일어났는지 모르겠다는 패배감만큼은 면제해줄 수 있었다.

그리스도 이야기는 배신, 고독, 자신감 상실, 고문 등의 고통의 목록이나 다름없으며, 우리는 이를 살펴봄으로써 자신의 고통을 거울에 비춰보고 어떤 상황에 놓을 수 있으며, 자신의 고통이야말로 세상에 둘도 없는 것이라는 잘못된 인식을 바로잡을 수 있다. 우리가 그런 잘못된 인식을 하기 쉬운 까닭은, 한편으로 이 사회가 우리의 어려움에 대해서 단호하게 손을 내젓기 때문이며, 또 한편으로 감상적인 광고 이미지를 사방에 늘어놓아 그런 이미지가 만들어내는 약속으로부터 우리의 현실이 얼마나 멀리 떨어져 있는지를 절감하게 함으로써 우리를 위협하기 때문이다.

기독교는 훌륭한 미술 작품이 고통의 실체를 보여줄 수 있으며, 그리하여 우리의 최악의 편집증과 고립감을 완화시키는 힘이 있다는 것을 인식했다. 가톨릭 미술가들은 오래 전부터 「성모의 일곱 가지 슬픔」이라는 제목의 회화 연작을 제작하는

우리는 고통이 어떤 것인지를 알아야 한다. 우리 중 누구도 고통에서 벗어날 수 없다는 것을 깨달음으로써 우리는 더 친절해지게 된다. 마티아스 그뤼네발트, 「이젠하임의 제단 장식화」, 1516년.

관행이 있었다. 이 그림은 시메온의 예언에서부터 예수의 사망과 장례에 이르기까지, 성모의 생애에서도 가장 고통스러운 에피소드를 묘사하고 있다. 이 전통에 따르면 신앙심 깊은 사람은 이런 작품에 관해서 묵상하고, 그렇게 함으로써 마리아라는 한 사람의 시련뿐만 아니라 보다 넓은 의미에서 세상의 어머니들이 겪어야 하는 시련을 좀더 깊이 이해하게 된다. 비록 가톨릭의 구체적인 설명을 따른 그림이기는 하지만, 심지어 무신론자도 이 마리아 연작의 배후에 있는 의도로부터 영감을 발견할수 있다. 우리도 현대 미술가에게 '부모의 일곱 가지 슬픔'이라든지, '청년기의 열두 가지 슬픔'이라든지, '이혼의 스물한 가지슬픔' 같은 작품을 의뢰하는 것을 한번쯤 고려할 만하다.

가톨릭의 고통 연작에서 가장 유명한 것은 '십자가의 열네 군데 기도처'이다. 그 각각은 사형 선고에서 시작되어 무덤 안치로끝나는, 그리스도의 생애에서도 가장 비극적이었던 마지막 장면들을 보여주고 있다. 성당의 벽감과 기둥을 따라 마련되어 있는 이 기도처는 시계 반대 방향으로 한 바퀴 돌도록 배치되어있으며, 각각의 단계마다 고통의 다른 측면을 보여주고 있다.

물론 그리스도의 최후는 예외적으로 잔인했다고 할 수 있다. 하지만 갖가지 어려움을 상징하는 이미지의 연작을 만들고, 거기에 주석(註釋)을 덧붙인 다음, 명상하는 장소에 빙 둘러 걸어놓고 하나하나 볼 수 있게 하는 것은, 세속 사회에서도 기독교사회에서와 마찬가지로 효과가 있을 것이다. 삶이란 본래 시간을 초월한 심리적, 사회적 현실에 근거한 보편적 고통을 우리에게 주기 때문이다. 우리 모두는 유년기, 교육, 가족, 일, 사랑, 노화, 죽음과 같은 딜레마와 싸운다. 이런 딜레마 중에는 이제

바렌트 반 오를리와 페드로 캄파냐, 「성모의 일곱 가지 슬픔」(부분), 1520–1535년경.

미술은 자신을 누구도 이해하지 못하고 있다는 느낌을 완화시켜준다. 프랑수아 코퀴렐의 사진 연작 '청년기의 열두 가지 슬픔' 가운데 하나.

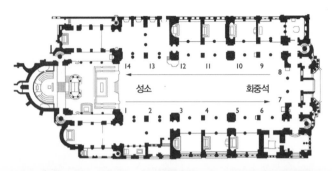

제9기도처 : (십자가를 지고 가던) 예수께서 세 번째로 넘어지시다. 에릭 길의 '십자가의 열네 군데 기도처.' 웨스트민스터 대성당, 1918년.

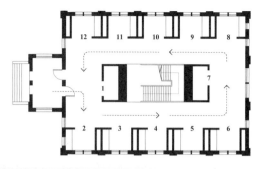

STATION 09
THE STATION
OF DISABILITY

제9기도처 : 신체장애자의 기도처. 세속적인 '노년의 열두 군데 기도처' 가운데 한 곳
을 가상하여 재현했다.

반(半)공식적인 명칭("청년기의 불안," "산후 우울증," "중년의 위기")도 많이 붙어 있다. 삶의 대표적인 슬픔을 열거한 새로운 형태의 세속적 연작 미술 작품은 이런 단계 각각을 주제로 다룰수 있으며, 각각의 은폐된 차원의 진정한 성격을 분명히 보여줄 수 있다. 그런 연작은 전시실 특유의 만족감과 고요함 속에서 참된 삶의 과정에 관한 교훈을 우리에게 가르쳐줄 수 있다. 심지어 우리가 이런 사건들 속에 있는 특유의 폭력과 놀라움을 실제로 겪기 이전에도 가르쳐줄 것이다.


5.

기독교 미술은, 이미지의 중요한 기능들 가운데 하나가 동정심을 불러일으키는 것이라는 것을 알았다. 동정심이라는 그 섬세한 특성은 우리 자아의 경계를 허물어뜨리고, 낯선 사람의 경험에서 우리 자신을 인식하도록 도와준다. 낯선 사람의 고통을 우리 자신의 고통처럼 처절하게 인식하도록 도와준다.

　미술이 일부를 담당하는 이와 같은 정신의 기동작전이 문명그 자체의 토대가 되는 것도 결코 우연은 아니다. 왜냐하면 우리가 타인에 대해서 내리는 냉정한 판단은 대개 타인을 잘못된방식으로 바라보는 우리의 잘못된 습관의 결과에 불과하기 때문이다. 정신적 혼란과 피로와 공포 탓에 흐려진 렌즈를 통해서 타인을 바라보기 때문에, 사실은 타인 역시 천여 가지의 차이점이 있음에도 불구하고 그저 우리 자신의 또다른 버전임을 간과해버리게 된다. 타인 역시 우리와 마찬가지로 나약하고, 불확실하고, 결함이 많은 존재이며, 또한 우리처럼 사랑을 갈망하고 용서가 다급하게 필요한 존재임을 간과하고 있다.

인간이 된다는 것은 다른 무엇보다도 불운과 질병과 폭력에 노출된다는 공통의 약점을 공유하는 것이라는 생각을 마치 강화하기라도 하려는 듯, 기독교 미술은 끊임없이 우리를 인간의 몸 쪽으로 되돌아가게 한다. 그 몸은 가령 아기 예수의 포동포동한 뺨의 형태를 취할 수도 있고, 그의 마지막 순간에 갈빗대 위에 난 찢어진 상처의 형태를 취할 수도 있다. 그 메시지는 명료하다. 비록 우리가 십자가에서 피를 흘리고 죽지는 않더라도, 인간이 된다는 사실 하나만으로도 우리는 각자가 감당해야 하는 분량만큼의 고통과 모욕을 감당해야 한다. 우리는 저마다 섬뜩하고도 제어할 수 없는 현실에 직면하고, 그럼에도 불구하고 그런 현실은 우리 안에 상호의존의 감정을 점화시키는 것이다. 기독교는 우리의 몸이 고통이나 부패에 면역이 되어 있다면, 우리는 괴물에 불과하리라는 점을 암시한다.

타인을 아기로 그릴 경우에도 이와 유사한 동일시의 순간이 나타날 수 있다. 기독교 미술에서 그리스도가 십자가에 못 박힌 장면 바로 옆에 가장 흔히 배치되는 것이 그의 유아기 모습이라는 것도 결코 우연이 아니다. 그의 유아기의 순수함과 귀여움은 우리가 알고 있는 그의 생애 마지막과 참으로 대조적이다. 어머니의 품에 안겨 잠자는 아기 예수의 이미지는 우리가 다른 모든 인간을 마치 아기라도 되는 것처럼 여겨야 한다는 그의 권고를 무의식적으로 강화시킨다. 우리의 적 역시 한때는 아기였으며, 나쁜 사람이 아니라 돌봐주어야 하는 대상에 불과했다. 기껏해야 키가 50센티미터밖에는 안 되고, 우유와 파우더 냄새를 풍기며, 엎드려서 새근새근 잠자는 아기였던 것이다.

미켈란젤로 부오나로티, 「피에타」, 1499년.

화학요법을 받은 직후의 암 환자. 프레스턴 게너웨이. 2008년.

우리의 파괴적인 힘은 나이와 함께 더 강해진다. 또한 우리는 타인이 우리를 안쓰럽게 생각할 만한 것들을 잔뜩 등에 지고 있는 상황에서도 정작 타인의 동정심을 끌어낼 수 있는 능력은 부족하다. 그럼에도 불구하고 우리는 타고난 소박함을 그대로 유지할 뿐만 아니라 여전히 간교하지 못하다. 구유에서 십자가에 이르는 한 인간의 여정을 이야기하는 과정에서, 기독교는 험난한 세상에서 순수함과 온유함이 감당해야 하는 운명에 관한 거의 보편적인 이야기를 하는 셈이다. 우리 자신이야말로 선한 목자와 자비로운 양떼를 필요로 하는 어린 양이다.

6.

우리의 타고난 상상력은 신뢰할 수 없는 것이다. 따라서 우리는 더욱 미술을 필요로 한다. 우리는 미술가들에게 의존하여, 정기적으로 우리의 동정심을 자극할 수 있는 공감의 순간을 그들이 만들도록 한다. 우리가 삶 속에서 언젠가는 현실의 인물로 접하게 될 누군가를 미술 작품 속에서 미리 만나볼 수 있는 인공적인 조건을 미술가들은 창조하는 것이다.

우리가 타인에게 자비를 베풀 수 있는 가능성은 우리의 시각과 긴밀히 연결되어 있다. 우리의 관점에 따라서, 우리는 아내에게 잔소리를 늘어놓는 독선적인 남편을 볼 수도 있고, 또는 각자의 불만을 적절하게 표현할 수 없어 하는 두 명의 상처 받고 굴욕적인 개인을 볼 수도 있다. 도시의 거리를 행진하는 자신감 넘치는 병사들을 볼 수도 있고, 또는 침입자를 피해서 몸을 숨기는 겁먹은 소녀를 볼 수도 있다. 식료품 봉지를 들고 집에

가는 소년을 볼 수도 있고, 올림픽 수영 자유형 금메달리스트
가 심지어 자신도 못 알아볼 정도로 구부정하고 혈색 나쁜 사
람이 되어버린 모습을 볼 수도 있다.

뉴욕의 거리에서 헬렌 리비트가 찍은 4명의 소년에 관한 사진
을 보자. 우리는 그중 한쪽 구석에 서 있는 괴로운 표정의 외로
운 소년을 위로하고 싶은 마음이 생길 가능성이 크다. 어쩌면
소년의 어머니는 불과 30분 전에 소년의 멋진 코트에 달린 단
추를 직접 잠가주었는지도 모르겠는데, 지금 소년의 얼굴에 나
타난 괴로운 표정은 누가 봐도 소박한 절망의 모습이기 때문
이다. 하지만 거기서 불과 1미터 떨어진 곳에서, 그리고 다른 시
점에서 바라보면 똑같은 장면이 얼마나 달라 보일지도 모른다.
맨 오른쪽에 있는 소년은 그저 친구가 가진 장난감을 좀더 가
까이 볼 기회를 얻는 데에만 골몰할 것이다. 옷을 잔뜩 껴입고
벽 앞에서 울고 있는 울보에게는 이미 어떤 관심도 없다. 그와
그의 친구들은 다른 여느 날처럼 이날도 그 울보를 장난삼아
실컷 때려준 뒤이기 때문이다.

이와 유사하게 만테냐(1431?-1506 : 르네상스 시대의 이탈리아 화가.
파도바 화파의 대표/역주)의 그림에서 언덕 꼭대기의 파노라마에 대
한 우리의 동정적인 반응은 우리가 갈보리를 어떻게 바라보도
록 인도되느냐에 따라 달라진다. 햇빛이 찬란한 이른 오후, 연
한 푸른색의 지평선 너머로는 희미한 구름이 떠돌고, 유쾌하고
도 말썽 없는 하루 일과를 끝낸 뒤에 미늘창을 어깨에 메고 돌
아가는 병사는 저녁식사로 오믈렛이나 닭다리를 기대하는지도
모른다. 앞에 펼쳐진 계곡이며, 그곳의 포도밭과 강을 바라보
느라고, 그는 십자가에 매달린 버림받은 사람들에게서 흘러나

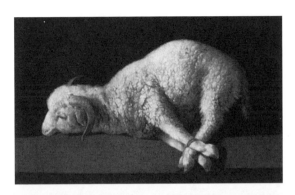

위 : 프란치스코 데 수르바란, 「묶여 있는 어린 양」, 1635년경. 아래 : 동정심과 무관심을 구분하는 것은 바라보는 각도에 따른 것이다. 헬렌 리비트, 「뉴욕 1940년」.

오는 신음소리를 거의 듣지 못한다. 그 와중에 그의 동료인 다른 병사들은 땅에 주저앉아 있는데, 하느님의 아들이 죽은 이 날에 그들에게 가장 중대한 질문은, 그들이 지금 방패 위에서 벌이고 있는 도박에서 누가 이겨서 다섯 데나리온을 차지하느냐이다.

어떤 장면을 바라볼 때에 가능한 시점의 범위—따라서 감상자가 보이는 반응의 범위—는 이미지의 제작자들의 책임이 무엇인지를 보여준다. 우리의 동정을 받아야 함에도 불구하고 종종 동정을 받지 못하는 사람들을 우리가 돌아보도록 하고, 그저 외면하는 쪽이 더 쉬운 것까지 우리가 목격하도록 하는 것이다. 그 임무의 중요성 때문인지 기독교 전통에서는 그 특권적인 지위를 미술가의 수호 성인 성 루카에게 돌린다. 그가 바로 '십자가에 못 박힌 그리스도'를 처음으로 묘사한 인물이다. 그렇기 때문에 기독교 미술에서 성 루카는 손에 붓과 물감을 든 모습으로 흔히 묘사된다. 그는 로마 병사들이 못 본 척했던 것을 분명히 보았던 것이다.


7.

훌륭한 미술가를 만드는 요인에 관한 더 광범위한 질문을 에워싼 논쟁은 치열하지만, 종교의 맥락에서 내리는 판단은 그보다 더 좁고 더 직접적이다. 즉 기독교의 기준에서 훌륭한 미술가란 일상의 생활이라는 혼란스러운 상황에서 우리에 대한 통제력을 잃어버릴 위기에 있는 중요한 도덕적, 심리적 진실들에 생명력을 주는 사람이다. 기독교 미술가는 자신의 기술적 재

안드레아 만테냐, 「십자가에 못 박힌 그리스도」, 1459년.

능—빛과 구성과 색채의 자유로운 사용, 물질과 매체에 대한 숙련된 이해—의 궁극적인 목적은 우리에게서 적절한 윤리적 반응을 이끌어내고, 그리하여 우리의 눈이 우리의 마음을 훈련시키는 것임을 잘 알고 있다.

이런 임무를 방해하는 것이 바로 온갖 종류의 시각적인 상투성(常套性)이다. 공감을 일으키는 생각들의 진정한 어려움이란, 그 생각들이 놀랍거나 특이한 것이 아니라, 오히려 너무 분명한 것이기 때문이다. 그 생각들이 너무나 타당하고도 흔히 볼 수 있는 것이기 때문에 그 위력은 감소된다. 말 가운데에서 그와 유사한 것으로는, 이웃을 사랑해야 한다는 유명한 권고가 있다. 이런 말을 그저 기계적으로 반복할 경우에는 그 의미가 완전히 상실된다.

미술도 역시 그렇다. 가장 극적인 장면을 묘사한 경우에도 재능이나 상상력을 발휘하지 못하면, 관심의 대상이 되지 않는 따분한 작품이 될 뿐이다. 따라서 미술가의 임무는 우리에게 귀찮을 정도로 친숙한, 그러나 중요한 아이디어들에 대해서 우리의 눈을 뜨게 만드는 새로운 방법을 찾아내는 것이다. 기독교 미술의 역사는 위대한 옛 진리를 향해서 천재들이 감행한 공격의 줄기찬 파도로 이루어져왔다. 그들은 성모 마리아의 겸손, 요셉의 성실, 예수의 용기, 또는 유대인 권력자들의 가학성을 묘사하는 것만으로도 감상자를 다시 놀라게 할 수 있고, 개심시킬 수 있다는 것을 확실하게 하려고 노력했다.

이런 모든 노력에는 궁극적으로 이중의 목적이 있으며, 그것은 기독교의 기본적인 가르침과 일치한다. 즉 악에 대한 혐오를 권고하고, 선에 대한 사랑을 고무하는 것이다. 양쪽 모두의 경

진정한 용기란 무엇인지를 상기시켜주는 그림. 렘브란트 판 레인, 「갈릴리 호수의 폭풍 속의 그리스도」, 1633년.

우에 열등한 미술 작품은 문제가 될 것이다. 엄격한 심미적 이유 때문이라기보다는, 적절한 감정과 행동을 조장하는 데에 실패한다는 실용적 이유 때문이다. 가령 지옥을 생생하게 묘사하는 것은 쉽지 않다. 이런 시도는 단순히 사람의 몸뚱이가 불타고 있는 아궁이를 또 하나 그리고, 그 도식적인 공포에도 불구하고 어느 누구의 마음도 움직이지 못하는 무의미한 그림 연작을 또 하나 만드는 것으로 끝나게 마련이다. 우리는 가령 지옥의 일곱 번째 구역에 관한 또 하나의 그림이라든지, 가자의 학살 현장에 대한 또 하나의 사진을 보는 것을 따분하게 느낀다. 실력 있는 미술가가 나타나서 어떤 이미지를, 즉 우리가 걸음을 멈추고 거기서 참으로 중요한 것이 무엇인지를 마침내 납득하게 되는 이미지를 만들어내기 전까지는 말이다.

미술은 악을 계속 새로운 형태로 묘사함으로써 우리가 악의 위력을 감지할 수 있도록 도와준다. 선의 경우에도 마찬가지이다. 기독교 미술가들은 미덕을 생생하게 묘사하기 위해서, 우리의 냉소주의와 염세주의의 두터운 벽을 뚫고 들어가기 위해서, 그리고 우리가 약간씩 닮아가고 싶은 개인에 대한 묘사를 내놓기 위해서 지칠 줄 모르고 노력해왔다.


8.

당연한 이야기이지만, 기독교 미술은 우리가 영혼의 건강을 위해서 염두에 두어야 할 테마 모두를 다루지는 않았다. 기독교 미술이 무시해버린 토픽들은 너무나 많다. 가령 자기 수양의 역할, 유쾌해야 할 필요성, 자연 세계의 취약함을 존중해야 하는

우리가 주의를 기울이지 않는다면, 심지어 지옥조차 따분하게 보일 수 있다. 우리는 우리가 자칫 잃어버렸을 수도 있는 도덕적 헌신을 일깨워주는 유능한 미술가가 필요하다. 위 : 프라 안젤리코, 「최후의 심판」(부분), 1435년 아래 : 아비드 카티브, 「가자의 시파 병원」, 2008년.

의미……그러나 완벽성은 중요하지 않았다. 우리의 목적을 위해서, 기독교는 미술에 대해서 가장 중요한 임무가 무엇인가를 규정하는 데에 더 관심이 있었던 것이다. 미술이 미덕과 악덕을 묘사함으로써, 중요한 것—그러나 우리가 잊기 잘하는 것—이 무엇인가를 우리에게 상기시켜주어야 한다는 임무가 바로 그것이다.

흥미롭게도 기독교는 각각의 작품이 어떤 내용을 다루어야 할지를 미술가에게 위임하지 않았다. 대신 중요한 테마를 구성하는 임무는 신학자들과 신학 박사들에게 맡겼으며, 그렇게 구성된 테마를 화가와 조각가에게 주어서 설득력 있는 심미적 현상으로 바꾸게 만들었다. 교회는 미술의 기술적 측면의 탁월함, 가령 물감을 이용하여 사람의 팔꿈치처럼 보이는 것을 만들고, 돌을 이용하여 사람의 머리카락처럼 보이는 것을 만드는 재능이 삶의 의미를 이해하는 능력과 연관된다고 생각하는 견해를 은근히 의심했던 것이다. 단적으로 말해서, 종교는 티치아노(1488?-1576 : 이탈리아 르네상스 시대의 대표적인 베네치아파의 화가/역주)가 유능한 철학자가 될 수 있다고는 결코 믿지 않았다. 따라서 만약 우리가 세속 미술가를 향해서 우리를 감동시켜달라고 요구할 뿐만 아니라, 심리적, 도덕적으로 심오한 통찰의 창작자가 되어달라고 요구할 경우, 우리는 미술가에게 너무 많은 것을 요구하는 셈이다. 우리의 미술 작품은 사상가와 이미지 제작자 간의 더 위대한 협력, 곧 최고의 관념과 그 관념을 표현하는 지고의 방법 간의 결혼에서 아마 혜택을 받았을 것이다.

기독교는 현명하게도 미술 작품의 배후에 있는 개념이 시대에 따라서 항상 변화해야 한다고 주장하지 않았다. 주제의 독창성이야말로 위대한 작품의 전제라는 낭만주의적인 신념보다도 더 유해한 논리는 아마 찾아보기 힘들 것이다. 기독교 미술가는 자신의 독특한 기술을 충분히 잘 구사할 수 있었지만, '수태고지'에서 '십자가에서 내려지는 그리스도'에 이르는 몇 가지 한정된 소재에만 머물러 있어야 했다. 그들 각자의 취향은 그 무엇보다도 중요한 신앙 속에 포섭됨으로써, 독창성을 추구하는 낭만주의의 줄기찬 압력으로부터 이들을 해방시켜주었다.

이미지는 같은 관념에 집중되어야 한다고 구체적으로 명시했지만, 그렇다고 해서 이미지가 모두 같아야만 한다고 요구한 것은 아니었다. 가령 티치아노와 프라고나르(1732–1806 : 부르봉 왕조 말기의 궁정 풍속을 관능적으로 묘사한 프랑스의 화가 및 판화가/역주)의 성가족의 「이집트로의 도피」 버전들이 전혀 서로 달라보이는 것이 그렇다. 마찬가지로 현대의 사진작가인 제프 월 같은 사람이 "간통의 슬픔"을 작업했다고 가정한다면, 그 작품은 아마 그의 동료인 필립–로르카 디코르샤나 알렉 소스가 똑같은 주제로 만든 작품과는 똑같지 않을 것이다.


9.
지금까지 우리는 현대의 세속 미술을 간헐적으로만 다루어왔으며, 그것도 사진의 프리즘을 통해서 다루어왔다. 그러나 미술이 우리에게 중요한 관념을 상기시키는 메커니즘으로 기능할 수 있는 모델은 구상 미술의 영역을 넘어서 추상 미술로 충분히 연장된다.

때로는 어떤 추상 미술 작품이 과연 무엇에 '관한' 것인지를

기독교는 우리가 몇 가지 핵심 테마에 집중해야 하며, 다만 그 해석을 통해서 미술가가 위대함을 성취할 수 있도록 해야 한다고 주장했다. 위 : 장 오노레 프라고나르, 「이집트로의 도피 중의 휴식」, 1750년 아래 : 티치아노, 「이집트로의 도피」, 1504년.

말하기조차 어려울 경우가 있지만, 우리는 그런 작품의 더 넓은 테마를 충분히 잘 느낄 수 있다. 그리고 위대한 추상 미술 작품의 경우, 우리는 구상적인 이미지의 경우와 같은 이유로 추상적인 이미지도 우리 삶에 저항 없이 받아들인다. 왜냐하면 추상 미술 작품은 계속 우리 곁에 있어야 할 필요가 있음에도 불구하고 자칫 시야에서 벗어날 위험이 있는 테마들과 우리가 다시 접촉하도록 해주기 때문이다. 우리는 리처드 세라의 단단한 강철판들로부터 용기나 힘 같은 미덕들이 방출되는 것을 감지한다. 애그니스 마틴의 회화에 나타나는 형태의 기하학 속에서 우리는 우리에게 늘 필요한 냉정에 대해서 기억할 수 있다. 바버라 헵워스가 나무와 끈을 가지고 만든 조각에는 훌륭한 삶에서 긴장이 담당하는 역할에 관한 시가 숨어 있다.

불교는 우리가 추상적 창조물을 묵상하는 동안 무엇을 생각해야 할지에 관한 구체적인 질문을 받을 때, 추상적 창조물에 대한 우리의 반응의 강도를 더욱 높일 수 있다는 도발적인 주장을 했다. 가령 복잡한 만달라 패턴을 다룰 경우, 우리는 의미의 범위를 좁히는 동시에, 그 미술 작품은 불교학에서 묘사된 우주의 조화에 대한 감각적인 표상이라는 사실에 초점을 맞추어야 한다고 말한다. 나아가서 이 종교에서는 우리가 만달라를 바라볼 때에 만트라를 반복해서 암송하도록 한다. 가장 흔히 사용되는 만트라는 "옴 마니 파드베 훔"(원래는 산스크리트어이며, 번역하면 "옴, 연꽃 속의 보석이여, 훔")인데, 이로써 우리의 눈이 우리의 생각을 풍부하게 하는 한편, 우리의 생각이 우리의 비전을 인도하게 되는 고결한 순환이 이루어지게 되는 것이다.

리처드 롱과 같은 현대 추상작가의 작품(아래)과 불교의 만달라 전통(위)을 구분해 주는 차이는 무엇일까? 롱의 작품에는 기도서가 딸려 있지 않으며, 우리가 바라보는 대상을 어떻게 생각해야 한다고 말해주지도 않는다. 따라서 이런 작품은 대단한 형태의 아름다움에도 불구하고 자칫 당혹이나 싫증 같은 반응을 일으킬 위험이 있다. 누군가를 인도한다는 생각에 대해서 우리는 강력한 엘리트적 편견을 가지고 있지만, 미술 작품은 설명서가 붙는다고 해서 위축되지 않는다.

불교의 고압적이지만 생산적인 큐레이터 식의 지시에서 영감을 받아서, 우리는 미술 작품을 향해서 이렇게 요구할 수 있다. 그 작품들이 우리에게 감각적으로 상기시키려는 중요한 개념이 무엇인지를 보다 명시적으로 말해 달라고. 그렇게 함으로써 우리가 자칫 그 작품들 때문에 주저하고 당혹해하지 않게 해달라고 말이다. 우리는 누군가를 인도한다는 생각에 대해서 강력한 엘리트적 편견을 가지고 있지만, 미술 작품은 설명서가 붙는다고 해서 위축되지 않는다.


## 10.

미술의 테마와 목적을 다시 생각하도록 우리에게 지시하는 것 말고도, 종교는 그 미술 작품을 배치하는 범주에 관해서도 다시 생각하도록 우리에게 요청한다. 현대의 미술관은 대개 "19세기"와 "북이탈리아 화파"와 같은 표제 아래 전시실을 배치하는데, 이는 미술관의 큐레이터들이 교육받은 학문적 전통이 반영된 결과이다. 하지만 이런 식의 배치는 미술관 관람객의 내적인 필요에 따른 것이라기보다는, 오히려 문학을 "19세기의 미국 소설"이나 "카롤링거 시대의 시"로 구분하는 학문적 분류를 따른 것이라고 해야 한다.

　보다 유익한 목록 시스템이 있다면, 우리의 영혼의 관심사에 따라서 장르와 시대를 초월하여 미술 작품들을 한데 모을 수 있을 것이다. 전시실 관람을 통해서 우리는 삶의 갖가지 중요한 영역과 연관된 중요한 관념들을 감각적인 방식으로—노골적인 레이블과 카탈로그의 도움을 받아가며—우리에게 상기시키려고 하는 공간을 지나가게 될 것이다. 그 안에는 단순성의 아름다움을 상기시키는 전시실(그곳에는 샤르댕과 최석환의 그림이 있을 것이다), 자연의 치유 효과에 대한 전시실(코로, 호베마, 비어슈타트, 원강), 아웃사이더의 존엄에 대한 전시실(프리드리히, 호퍼, 스타키), 또는 어머니의 양육의 편안함에 관한 전시실(헵워스, 카샛) 등이 있을 것이다. 이 미술관을 걸어다니는 것이야말로, 우리가 가장 잘 잊어버리는, 그리고 동시에 우리가 기억해야 할 것 중에서도 가장 본질적이고 삶의 질을 향상시켜주는 중요한 것들을 체계적으로 만나는 경험이 될 것이다.

이런 평가 작업에서 영감을 얻으려면, 베네치아의 한 교구 교회인 산타 마리에 글로리오사 데이 프라리를 살펴보아야 한다. 학문적인 목록 시스템에 대해서 도도하게 무관심을 고수하는 프라리에서는 영혼의 균형을 다시 잡아주는 임무를 수행하기 위해서 고도의 절충주의적인 작품들을 이용한다. 파올로 베네치아노의 프레스코 화(1339년경), 도나텔로(1386-1466년)의 세례 요한 조각상(1438년), 조반니 벨리니의 「성인들과 함께 있는 성모와 성자」(1488년), 티치아노의 대형 제단 장식화(1516-1518년) 등이 대상이 될 것이다. 이 건물에는 서로 다른 세기와 지역의 조각상, 회화, 금속공예, 장식 창문 등을 한데 모아놓았는데, 왜냐하면 미술품을 만든 사람의 출신과 기법 성향의 일관성보다는 오히려 미술이 우리 영혼에 미치는 영향력의 일관성에 더욱 관심이 있었기 때문이다.

이와는 대조적으로, 미술의 목적을 존중하는 맥락에서 바라보면 현대 미술관의 외관상의 질서는 본질적으로 심각한 '무'질서와 다름없다. 작품을 제작된 지역이나 시기에 따라 분류하고,

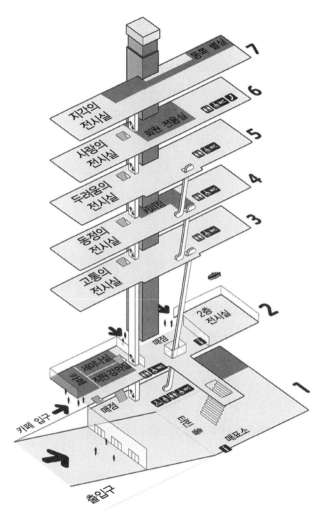

런던 소재의 테이트 모던 미술관을 새로 꾸며보자. 만약 미술관이 진정으로 우리의 새로운 교회가 되어야 한다면, 바꾸어야 할 것은 미술품이 아니라 미술품의 배열과 전시 방식이다. 전시실은 우리에게 중요하면서도 다시 균형을 잡아주는 정서를 소생시킬 것이다.

가령 "베네치아 화파"와 "로마 화파," 또는 "풍경화"와 "초상화" 같은 범주로 묶고, 또는 사진, 조각, 회화와 같은 장르에 따라서 구분하는 학문적 전통은 결국 세속 미술관이 정서적인 측면에서 진정한 일관성을 성취하지 못하도록 할 것이다. 따라서 교회와 사원에 배열되는 미술품과 같이 진정으로 인간을 변화시키는 힘이 있다고 할 수 없다.


11.

관건은 우리의 미술관을 위한 어젠다를 다시 작성해서, 미술이 일찍이 여러 세기 동안 신학의 필요를 따랐던 것처럼 이제는 심리학의 필요를 따를 수 있도록 하는 것이다. 큐레이터는 자기가 속한 미술관의 공간을 재창조함으로써, 그 공간을 과거의 창조물을 모아놓은 죽어 있는 도서관 이상의 장소로 만들어야 한다. 큐레이터는 예술이 우리가 삶을 영위할 수 있도록 도와주는 예술의 직접적인 임무를 수행하도록 해야 한다. 우리가 자각하고, 용서와 사랑을 기억하고, 불안한 인류가 겪는, 그리고 긴박한 위험에 빠진 지구가 겪는 고통에 대해서 계속해서 예민하게 반응할 수 있도록 도와주는 것 역시 예술의 직접적인 임무이다. 미술관은 단순히 아름다운 물건을 전시하는 장소 이상이 되어야 한다. 미술관은 우리를 선하고 똑똑하게 만들기 위해서 그런 아름다운 물건을 전시하는 장소가 되어야 마땅하다. 그런 다음에야 비로소 미술관은 우리의 새로운 교회가 되려는 고귀한—그러나 여전히 파악하기 어려운—야심을 적절하게 성취했다고 주장할 수 있다.

# IX

결국

1.

거대하게 뻗어가는 현대 세계가 얼마나 추악하게 변했는지를 생각해보면, 우리 주위에 있는 건축물이 어떤 모습을 하고 있든 그것이 왜 문제가 되느냐고 반문하는 사람도 있을 것이다. 사무용 건물이든, 공장이든, 창고든 부두든 간에 현대의 건축물에는 그것을 직접 소유하거나 이용하는 사람들의 생각이 아니라 다른 사람들의 생각이 반영되어 있는 것이 사실이다. 하지만 건축물의 외관이 중요하지 않다고 주장하는 사람을 향해서 우리는 단호히 '아니다'라고 말해야 한다. 우리 눈앞에 나타나 있는 것을 너무 쉽게 수용하는 것은 어리석고, 희생이 크고, 궁극적으로는 위험한 일이다. 자칫하다가 우리는 대부분의 시간을 불행하게 보낼 수 있기 때문이다.

법률에 의하면 부동산 개발은 개인 사업의 일종에 불과하다. 여기서 중요한 것은 땅을 소유한 사람이지 그 땅을 바라볼 수밖에 없는, 나아가서 그 땅 위에 만들어진 것을 바라보며 고통을 받을 수밖에 없는 사람이 아니다. 사법 체계는 통행인의 감수성을 인식하는 데까지 나아가지 않았다. 어떤 건물이나 모텔이 눈에 거슬린다는 불평이 있더라도, 그런 불평은 현대의 도시 계획가가 각별히 존중하거나 신경을 쓰는 부담 요인까지 되지는 않는다. 그것을 보느니 차라리 내 발을 내려다보는 편이 낫다고 생각하게 마련인 풍경을 우리는 잘 참는다. 현대 세계는 세속적인 의미에서 확실히 '프로테스탄트'라고 할 수 있을 것이다.

16세기 전반기에 북유럽에서 처음 등장했을 때에만 해도, 프로테스탄티즘은 시각예술에 대해서 극도로 적대감을 드러냈고, 복잡하고 풍부하게 장식된 건물을 빌미로 삼아 가톨릭 교도를

비판했다. "창조주 하느님에게 도달하려고 하는 자에게 필요한 것은 오직 안내자이며 교사인 성서뿐이다." 장 칼뱅(1509-1564)은 이 새로운 교파 가운데 다수의 반(反)심미적 정서를 대변하여 이렇게 주장했다. 프로테스탄트에게 중요한 것은 글로 기록된 말이었다. 공들여 만든 건축물이 없더라도, 성서만 있으면 우리가 하느님에게 이르는 데에는 충분했다. 성서에 의해서 촉진되는 헌신은 보석으로 장식된 성당의 회중석에서만 가능한 것이 아니라 텅 빈 방에서도 충분히 가능했기 때문이다. 호화로운 건물은 오히려 그 감각적인 풍요함 때문에 자칫 우리의 정신을 흐트리거나, 거룩함 대신에 아름다움을 택하도록 우리를 오도할 위험성이 있다. 프로테스탄트 종교 개혁가들이 심미적인 차원의 신성 모독 사건을 계속해서 일으켰던 것도 우연이 아니었다. 그런 사건 때마다 사람들이 조각상을 박살내고, 그림을 불태우고, 설화석고 천사의 날개를 거칠게 떼어내버리는 등의 일이 자행되었다.

한편으로 바로 그 종교 개혁가들은 자신의 교파에 속한 건축가들에게 소박하고 평범한 창고 같은 건물을 짓도록 규제했다. 자신의 교파에 속한 회중이 비를 피해 그곳에 모여서 성서를 읽는 동안, 그 외관에 정신이 팔리는 일이 없게 하려는 의도에서였다.

머지않아 가톨릭도 대응에 나섰다. 1563년의 트렌트 종교회의 이후에 교황청에서 발표한 교령에서는, 프로테스탄트의 불경건한 주장과 반대로, 대성당과 조각상과 그림은 "사람들에게 신앙의 세부사항을 기억하고 계속해서 상기시키는 관습을 가르치고 습득시키는" 임무에 필수적이라고 주장했다. 성스러운 건

위트레흐트의 성 마르틴 대성당의 부조. 16세기의 종교개혁 당시에 성상 파괴 행위로 파손된 모습이다.

축은 정신을 산란하게 만드는 것이 아니라, 오히려 성사(聖事)의 진리를 상기시키는 것이라고 주장했다. 그것이야말로 석재와 목재와 색유리 조각으로 쓴 신앙시였다. 이런 주장을 이해시키기 위해서 가톨릭 교회는 대규모 건축과 장식 프로그램을 시작했다. 종교개혁의 창백하고도 특징 없는 홀 옆에 이제 새로운 세대의 교회 건물이 들어섰다. 그것은 위협받고 있는 신앙에 열정적인 감정을 다시 불어넣기 위한 의도에서였다. 천장에는 천국의 이미지를 펼쳐놓았고, 벽감에는 성인들을 잔뜩 집어넣었고, 벽은 육중한 치장벽토 장식으로 뒤덮었고, 그 위쪽에는 예수의 사역에서 벌어진 기적들을 묘사한 프레스코 화를 그려놓았다.

기독교의 두 교파 사이에 생긴 심미적 간극이 어느 정도인지를 알아보기 위해서 다음 두 가지를 비교해보자. 하나는 현존하는 프로테스탄트 예배당 중에서도 가장 오래된 독일 토르가우 소재의 하르텐펠스 성의 예배당(1544년)이 보여주는 소박함이고, 또 하나는 로마의 제수 성당(1584년)의 회중석 천장("예수의 이름으로 거둔 승리")에서 드러나는 황홀함이다.


2.

건축의 중요성을 주장하는 과정에서 가톨릭은 인간의 행동 방식에 관한 핵심—슬프기도 하고, 놀랍기도 한—을 지적했다. 우리는 주위의 사물에 대한 고조된 감성으로 인해서 고통을 받는다는, 다시 말해서 우리의 눈길이 머무른 모든 것을 인식하고 거기에서 영향을 받는다는 것이다. 프로테스탄티즘 역시 이런 약점을 인식했지만, 항상 못 본 체하거나 무관심한 체하는

왼쪽 : 독일 토르가우 소재 하르텐펠스 성의 예배당. 1544년. 오른쪽 : 로마 소재의
제수 성당. 1584년.

쪽을 더 선택했다. 반면 가톨릭은 우리가 훌륭한 사람으로 성장하고, 또 계속 그런 상태가 진행되기 위해서는 우리 주위에 훌륭한 건축물이 필요하다는 주목할 만한 주장을 내놓았다.

가톨릭이 아름다움을 존경하게 된 근거는 신플라톤학파의 철학자 플로티노스에게까지 거슬러올라간다. 3세기에 살았던 이 철학자는 아름다움과 선의 명백한 연관 관계에 대해서 논증했다. 플로티노스가 보기에는 주위 환경의 성격이 중요했다. 왜냐하면 아름다운 것은 게으르게, 또는 부도덕하게, 또는 방종하게 "매력적인" 것과는 거리가 멀었기 때문이다. 아름다움은 사랑, 신뢰, 지성, 자비, 정의 같은 미덕을 암시하고, 우리를 거기에 계속 머무르게 할 수 있었다. 그것이야말로 선의 물질적인 버전이었다. 플로티노스의 철학은 다음과 같이 제안했다. 만약 우리가 아름다운 꽃이나 기둥이나 의자에 대해서 공부한다면, 우리는 그런 대상 속에서 어떤 특성들을, 곧 도덕적 성질과 직접 비교되고, 우리의 눈을 통해서 들어와서 마음 속에서 이런 자질들을 강화하는 데에 도움을 주는 특성들을 파악할 수 있을 것이라고 말이다.

나아가서 플로티노스의 주장은 우리가 추함을 얼마만큼 진지하게 다루어야 하는지를 강조하는 데에 기여했다. 추함은 단순히 불운한 것일 뿐만이 아니라, 사악함의 부분집합으로 다시 범주화되었다. 추한 건물은 윤리적 수준에서 우리에게 불쾌함을 준다는 것이었다. 사람에 대해서와 마찬가지로 건물에 대해서도 잔인하다, 냉소적이다, 자기만족적이다, 감상적이다 따위의 표현을 사용하여 묘사할 수 있었다. 나아가서 우리는 나쁜 의도를 가진 지인으로부터 악영향을 받을 위험이 있는 것처럼 건물로부터도 악영향을 받을 수 있었다. 양쪽 모두 우리의 가장 불길한 측면을 밖으로 드러나게 할 수 있었다. 양쪽 모두 우리가 나쁘게 행동하도록 미묘하게 조장했다.

현대 세계를 전형적으로 보여주는 추함의 극단이 유럽의 프로테스탄트 국가에서 처음 목격된 것도 결코 우연이 아니었다. 맨체스터, 리즈, 그리고 이와 비슷한 도시들이 지금도 비교가 불가능한 추한 모습을 그 주민에게 보여주었다. 마치 장 칼뱅의 주장, 예컨대 건축과 미술은 우리의 영혼에서 아무런 역할도 하지 못한다는, 따라서 노천 광산이 내다보이는 빈민가의 공동 주택에서도 경건한 생활은 만족스럽게 펼쳐질 수 있다는 주장을 실제로 검증하는 것 같았다.

이런 이데올로기에 대한 반론이 없을 수 없었다. 그리고 가톨릭은 이에 대한 반격을 다시 한번 주도했다. 19세기의 건축가 어거스터스 퓨진은 산업 사회 잉글랜드의 새로운 풍경을 비난했다. 단순히 그 외관 때문만이 아니라, 인간의 영혼을 파괴하는 그 힘 때문이었다. 그는 전형적인 잉글랜드의 마을 모습을 보여주는 두 개의 상반된 삽화를 제시했다. 하나는 15세기의 심미적으로 민감한 가톨릭의 영향하에 있는 마을의 모습이고, 또 하나는 그로부터 4세기 뒤인 그 자신의 시대에 프로테스탄트의 질서하에서 가동되던 억압적인 작업장이며 제분소며 공장으로 인해서 황폐해진 마을의 모습이었다. 퓨진의 견해에 따르면, 프로테스탄티즘은 한 도시의 외관을 파괴하더라도 그 주민의 영혼은 결코 해치지 않을 수 있다는, 정말 터무니없지만 큰 영향력을 발휘했던 (그리고 개발업자의 입장에서는 엄청나게 편리한) 생각을 직접적으로 조장했다는 것이다.

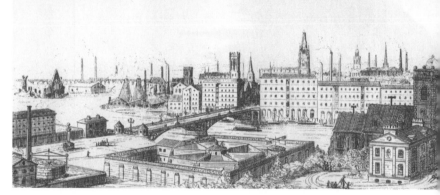

추함이 우리의 영혼을 해칠 수 있을까? 가톨릭 도시(위)와 프로테스탄트 도시(아래)의 모습. 어거스터스 퓨진, 「대비」(1836) 중에서.

지나친 당파주의와 부자연스러운 심미주의를 이유로 들어 퓨진을 비난하는 것은 참으로 쉽지만, 그보다 더 찜찜하고 불안한 것은 그의 주장이 본질적으로 옳을 수도 있다는 가능성이다. 비록 프로테스탄트에 대한 공격이 옳다고는 할 수 없더라도, 최소한 그의 주장의 배후에 있는 판단, 곧 시각적인 형태가 우리에게 미칠 수 있는 영향력에 대한 판단만큼은 옳을 수 있다는 것이다. 만약 우리의 정신이 우리가 읽는 책 이외의 것에 대해서도 더 민감하게 반응할 수 있다면 어떨까? 우리가 주위에 있는 주택이며 병원이며 공장으로부터 영향을 받을 수 있다면 어떨까? 그것이야말로 우리가 추함에 항의해야 하는 충분한 이유가 되지 않을까? 따라서 우리는 수천 가지의 장애물에도 불구하고, 그 아름다움을 통해서 선의 사례를 보여줄 수 있는 건물을 만들기 위해서 노력해야 하지 않을까?


3.
세속 세계의 한쪽에서는 (심지어 비신앙인들 사이에서도, 아니 사실은 특히 비신앙인들 사이에서) 종교 건축의 위대한 시대가 지나가버렸음을 탄식하는 목소리가 종종 흘러나온다. 종교의 교리에 대해서는 아무런 관심도 없는 사람이 교회 건물에 대한 향수를 인정하는 경우도 있다. 예를 들어 언덕 위의 예배당 석벽의 결에 대한 향수, 일몰의 들판 너머로 얼핏 보이는 첨탑의 윤곽에 대한 향수, 심지어 책 한 권을 보관한 성전(유대교)이나 깨달음을 얻은 어느 승려의 어금니 하나를 보관한 사원(소승불교)의 건립을 향한 순수한 야망에 대한 향수까지도. 하지만 이런 향수는 한 가지 사실에 대한 마지못한 시인으로 금세 끝나버린다. 신앙의 종식은 곧 신전의 가능성에 대한 종식을 불가피하게 의미한다는 것이다.

이러한 가정의 배후에 있는 암묵적인 생각은, 더 이상 신도, 신격도 없는 세상에서는 우리가 축하할 것이 아무것도 남아 있지 않다는 것이다. 따라서 건축이라는 매체를 통해서 강조해야 할 것이 아무것도 남아 있지 않다는 것이다.

그러나 가만히 생각해보면, 그것은 잘못된 주장이다. 즉 성스러운 존재에 대한 우리의 믿음의 종식이 곧 가치에 대한 집착의 종식, 또는 건축을 이용하여 성스러운 존재를 위한 집을 마련해주고 싶은 우리의 열망의 종식을 의미한다는 것은 논리적인 비약에 불과하다. 하느님이 부재하는 상황에서도 우리는 여전히 윤리적인 믿음을 유지할 수 있으며, 그런 믿음은 여전히 견실하고 축하할 필요가 있다. 우리가 존경하는, 그러나 종종 너무 쉽게 간과하는 그런 믿음들은 어떤 것이라도 그 자체의 "신전"을 세울 만큼의 장점을 가지고 있다. 봄의 신전이나 자비의 신전이 될 수도 있으며, 고요함의 신전이나 반성의 신전이 될 수도 있고, 용서의 신전이나 자각의 신전이 될 수도 있다.

신이 없는 신전의 모습은 과연 어떨까? 인류의 역사를 통해서 종교는 이런 건물의 외관에 관해서 통일적인 규범을 내놓으려고 노력했다. 중세 기독교인이 생각하는 대성당은, 십자형의 평면도에 동서의 축이 있고, 회중석 서쪽 끝에는 세례를 위한 수조가 있고, 동쪽 끝에는 제단과 지성소(至聖所)가 있어야 했다. 오늘날까지도 동남아시아의 불교도들은 자신들의 건축적인 에너지를 오직 파라솔과 둥근 테라스가 있는 반구형의 스투

파를 세우는 데에 투입하는 것밖에 다른 도리가 없다고 생각하고 있다.

그러나 세속 신전의 경우에는 굳이 이런 표준적인 법규를 따를 필요가 없다. 이 신전의 유일한 공통 요소는 영혼의 안위를 위한 핵심적인 미덕을 장려하려는 우리의 노력이다. 하지만 과연 어떤 장소에서 어떤 미덕을 기념할 것인지, 그리고 어떻게 해야 그런 미덕에 관한 생각을 성공적으로 전달할 수 있는지에 관한 결정은 건축가와 후원자의 몫으로 남을 것이다. 그 우선순위는 건물의 새로운 유형을 규정하는 것일 뿐이지, 그런 유형의 특정한 사례를 설계하는 것은 아니기 때문이다.

그럼에도 불구하고, 이러한 접근방식을 예증하기 위해서 우리는 세속 신전을 위해서 가능한 테마의 윤곽을 몇 가지 그려볼 수 있고, 건축적 전략도 몇 가지 제시할 수 있을 것이다.


—관점의 신전

우리는 우리 자신의 중요성을 과장하고 그리고 그 결과로 우리가 감수해야 하는 모욕과 실패의 강도를 과장하는 데에 얼마나 많은 시간을 낭비하는가? 따라서 관점에 대한 우리의 필요에 답변하는 새로운 신전 건축이 좀더 시급한 것 같다.

우리는 자기 자신의 모든 국면을 과장하려고 애쓴다. 우리가 이 행성에 산 지가 얼마나 오래 되었는지에 관해서, 우리가 성취한 것이 얼마나 중요한지에 관해서, 우리의 업무상 실패가 얼마나 드물고 불공정한 것인지에 관해서, 우리의 인간관계에 얼마나 몰이해가 많은지에 관해서, 우리의 슬픔이 얼마나 깊은지에 관해서. 따라서 자기만의 멜로드라마를 가지고 있는 것이 보편적이 되었다.

종교 건축은 이러한 자기중심주의(잘못된 것일 뿐만 아니라, 궁극적으로는 고통스러운)와 관련해서 한 가지 중요한 기능을 수행할 수 있을 것이다. 왜냐하면 그 규모와 재료와 소리와 조명 기구를 사용하기에 따라서 우리의 신체 크기에 대한 우리의 인상을 조절할 수 있는 종교 건축의 힘 때문이다. 가령 엄청난 크기의, 또는 거대한 석재를 잘라서 만든 대성당에 들어갔을 때, 또는 멀리 있는 원형 창에서 스며들어오는 한 줄기 빛을 제외하면 너무나 어두운 어떤 장소에 들어갔을 때, 또는 간헐적으로 아주 높은 곳에서 깊은 웅덩이로 떨어지는 물소리를 제외하면 너무나 조용한 어떤 장소에 들어갔을 때, 우리는 흔치 않으면서도 위안이 되는 은혜를 느끼고 우리 자신의 하찮음—그리 불쾌하지 않다—에 대해서 생각할 수 있다.

우리 자신이 "작다는 느낌"을 받는 것은 삶의 현장에서는 고통스러운 일상적 현실이다. 그러나 강력하고 고귀하고 탁월하고 지혜로운 어떤 것 앞에서 갑자기 자신이 작다고 느끼게 되는 것은 기쁨과 아울러 우리에게 지혜가 주어진다는 의미이다. 어떤 교회는 우리에게 전혀 굴욕감을 주지 않으면서도, 우리에게 자기중심주의를 포기하도록 설득한다. 그런 교회에 들어가면 우리는 평소의 걱정을 잊고 자신의 무가치함과 평범함을 순순히 (평소에 다른 사람으로부터 직격탄을 받는 상황에서는 결코 하지 않았던 방식으로) 받아들이게 된다. 우리는 한 발짝 떨어진 곳에 서서 자신을 관찰하고, 더 이상은 우리의 자존심이

자신이 작다고 느낄 때 받는 은혜의 빛. 안도 타다오, 빛의 교회. 일본 이바라키,
1989년.

받은 상처 때문에 기분이 상하지 않고, 우리의 궁극적인 운명에 대해서 다시 긍정하게 되고, 우주에 대해서 너그러운 태도를 취하며, 우주의 행로에 대해서 열린 마음을 가지게 된다.

이런 느낌은 교회 건물이 아닌 곳에서도 우리에게 찾아올 수 있다. 가령 검게 그을린 목재 벽으로 이루어진 높고 좁은 탑 안에, 지하 5층의 콘크리트 방 안에, 또는 작고 껍질이 달린 암모나이트—이 생물이 로렌시아(오늘날의 북아메리카 동부와 그린란드에 해당하는 지역)의 열대 바닷물 속에서 살았던 시기는 고생대인데, 그 시기는 인류의 조상 중에서 뛰어난 조상이 최초로 두 발로 일어선 때, 또는 카누를 최초로 만든 때보다도 무려 3억 년 전이었다—의 화석 흔적이 남아 있는 석재로 둘러싼 방 안에 우리가 있을 경우가 그렇다.

관점의 신전(Temple to Perspective)이라는 이 새로운 시설도 결국에는 과학박물관이나 천문대 같은 곳에서 탐구하는 것과 똑같은 아이디어를 다루게 될 것이다. 벽은 고생물학 및 지질학의 관심사로 장식되고, 천장과 바닥은 천문학 기구로 장식될 것이다. 하지만 이 두 가지 유형의 기관은 그 야심의 수준에서 중요한 차이가 있다. 관점의 신전은 과학박물관과 마찬가지로 우주의 규모와 나이와 복잡성에 대해서 우리를 깨우치는 것이 목적이다. 과학박물관의 경우와는 달리, 관점의 신전은 우리에게 기초적인 과학교육을 시키는 것이 그런 훈련의 핵심인 것처럼 굳이 가장하지는 않을 것이다. 그곳을 찾는 방문객이 트라이아스기(지질 시대의 중생대의 최초 시기. 2억5천만 년~2억1천만 년 이전/역주)와 캄브리아기(고생대 가운데 가장 초기, 6억 년~5억 년 이전/역주)의 차이점을 완전히 숙지했는지 여부조차도 결국에는 그리 중

관점의 신전은 지구의 나이를 상징하는 구조물이 될 것이다. 높이 1센티미터마다 1
백만 년에 해당한다. 46미터 높이의 이 탑의 맨 아래에는 겨우 1밀리미터 폭의 얇은
금 띠가 둘러져 있는데, 이 띠는 바로 인류가 지구에서 살아온 시간을 상징한다.

요하지 않을 것이다. 비록 박물관의 큐레이터들이 그 차이에 대한 구체적인 설명을 내놓기 위해서 무척 애썼더라도, 방문객 대부분은 건물에서 나와 주차장에 갈 때쯤이면 모두 잊어버리기 때문이다. 이런 제안은 과학을 개략적으로 다루려는 것이고, 지식을 장려한다는 명목보다는 경외감을 일으킬 목적으로 제시하려는 것이며, 그 실제 가치보다는 오히려 치유적이고 관점을 제공하는 힘을 강조하려는 것이기 때문이다.


—반성의 신전

현대의 미처 예상치 못했던 재난들 가운데 하나는, 정보에 대한 유례없는 새로운 접근이 가능해진 대신에 어떤 한 가지에 집중할 수 있는 우리의 능력이 감퇴했다는 점이다. 깊이 몰입하는 사고는 과거에만 해도 문명의 가장 중요한 업적들을 생산했던 반면 지금은 이런 사고가 유례가 없는 공격을 받게 되었다. 현대의 우리는 최면적이고 선정적인 현실도피를 가능하게 해주는 기계로부터 격리되어 있는 적이 거의 없다. 스크린을 바라보는 동안에 우리가 미처 받아들이지 못하고 빠트리는 감정과 생각은 우리가 무의식적으로 일으키는 경련의 형태로, 또는 잠을 자야 할 때에 수면 능력의 지속적인 감퇴라는 형태로 우리에게 복수한다.

우리는 건축물 중에서도 우리 자신에게 결여되어 있는 성질 가운데 일부를 보여주는 양식에 마음이 끌린다. 따라서 산만해질 수 있는 요인이 없는 정화된 공간에 우리가 매료된다는 사

블랙베리 스마트폰의 시대가 되어서야 비로소 많은 사람들은 수도원이 애초에 왜 발명되었는지를 깨닫게 되었다. 구간 바라 교회, 아일랜드 코크 카운티. 1879년.

실은 그리 놀라울 것도 없다. 그런 장소 안에서는 자극이 최소한도로 줄어든다. 가령 창문을 통한 풍경은 바위 몇 개, 또는 나무의 가지들, 또는 하늘 한 뼘 정도밖에는 보이지 않게끔 신중하게 구성되고, 벽은 단단하고 내구성 있는 재료로 만들어졌으며, 소리라고는 스치는 바람이나 흐르는 물소리만이 들리는 장소가 그렇다.

반성의 신전(Temple to Reflection)은 고독의 시간에 어울리는 구조를 제공할 것이다. 이곳은 단순한 공간이 될 것이고, 방문객에게는 한두 개의 걸상, 창밖의 경치, 그리고 한 가지 제안밖에는 제공되지 않을 것이다. 그 제안이란 평소에는 자신이 억압하려고 했던 곤란한 주제 몇 가지를 해명하는 작업을 시작하라는 것이다.

어떤 생각의 중요성과, 그 생각을 해야 한다는 예상만으로도 신경이 곤두서는 현상 사이에는 아주 강력하고도 직접적인 연관이 있다. 혼자라는 생각 자체만으로도 점차 견딜 수 없는 순간이 오면, 우리는 자신이 다루어야 할 중요한 문제가 생겼다고 확신할 수 있다. 이런 이유 때문에 종교는 그 추종자를 향해서 혼자 있는 시간을 가질 것을 강력하게 제안했다. 처음에는 큰 불편이 있더라도 반드시 그렇게 해야 한다고 말이다. 현대에 건립될 반성의 신전은 이런 철학을 따르고, 관조할 수 있는 이상적이고도 확신을 심어주는 환경을 창조할 것이다. 그리고 삶의 성공적인 경로의 토대가 될 수 있는, 그러나 평소에는 마치 수줍은 사슴처럼 가끔 우연히 우리의 산만해진 정신과 마주칠 뿐인 귀한 통찰을 우리가 기다릴 수 있도록 허락할 것이다.

수줍어하고 도망 잘 가는 통찰과 만나기 위해서 기다리는 장소. 반성의 신전.

―수호신의 신전

고대 로마 제국의 종교가 가진 특징들 중에서도 보다 호기심
을 자극하는 것은, 이 종교가 가령 유노나 마르스처럼 보편적
인 신들에 대한 예배(이런 신들의 신전은 잉글랜드의 하드리아
누스 성벽에서 중동의 유프라테스 강변에 이르기까지 제국 전
역에 걸쳐 세워져 있었다)뿐만이 아니라, 특정 지역의 수많은 신
들에 대한 경배도 허락했다는 점이다. 이런 신들의 성격―풍토
적으로나, 문화적으로나―은 토착 종교의 성격을 반영한 것이
었다. 이른바 수호신(genii locorum)이라는 이름으로 불린 이런
보호하는 영들에게는 각기 자기 신전이 있었으며, 정신과 신체
의 각종 질환을 치료해줄 수 있다는 소문이 돌면서 평판이 높
아졌다. 심지어 멀리에서 찾아오는 사람까지 있었다. 가령 나폴
리 남부 해안에 있던 영들은 특히 우울증을 완화시키고, 율리
아 에쿠에스트리스 식민지(오늘날의 제네바 호반에 있는 도시
니옹)의 수호신은 정치와 상업 생활에서 변덕스러운 운명으로
고통당하는 사람들을 특별히 위로할 수 있다는 것이었다.

로마 제국의 종교에서 타당성이 있는 다른 것들과 마찬가지
로, 수호신의 전통은 훗날 기독교로 흡수되었다. 기독교는 특
정한 지역과 치유 능력을 과거와 비슷하게 연관시켰지만, 신전
(temple) 대신에 성묘(聖廟, shrine)라고 부르고, 영(靈, spirit) 대
신에 성인(saint)이라고 부르는 정도의 차이를 두었다. 중세 유
럽의 지도를 보면 성지가 점점이 표시되어 있는데, 그중 상당수
는 고대 로마 시대에 세워진 것이다. 이런 성지마다 기독교 성인
의 시신 가운데 특별히 분류된 일부를 순례자가 만지기만 하더

# 중세 유럽의 순례 지도

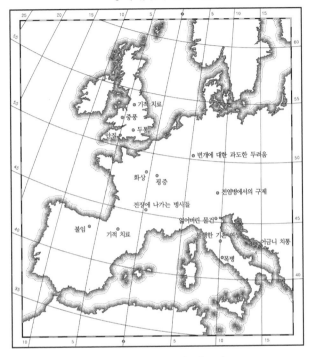

- ⊙ 알퇴팅, 독일
  전염병에서의 구제 (성모 마리아)
- ⊙ 바트 뮌스테라이펠, 독일
  번개에 대한 지나친 두려움 (성 도나투스)
- ⊙ 바리오스 데 콜라나, 스페인
  불임증 (산 후안 데 오르테가)
- ⊙ 벅스턴, 잉글랜드
  기적의 치료 (성 앤)
- ⊙ 샤르트르, 프랑스
  화상 (성 안토니우스)
- ⊙ 콩크, 프랑스
  전쟁에 나가는 병사들 (성 푸아)
- ⊙ 두브로브니크, 크로아티아
  목병 (성 블레즈)
- ⊙ 헤리퍼드, 잉글랜드
  중풍 (성 에셀버트)
- ⊙ 라르샹, 프랑스
  광증 (성 마튀랭)
- ⊙ 루르드, 프랑스
  기적의 치료 (성 베르나데트)
- ⊙ 모컴비레이크, 잉글랜드
  안질 (성 와이트)
- ⊙ 파도바, 이탈리아
  잃어버린 물건 (파도바의 성 안토니우스)
- ⊙ 로마, 이탈리아. 산 로렌초 성당
  어금니 치통 (성 아폴로니아)
- ⊙ 스폴레토, 이탈리아
  불행한 기혼 여성 (카시아의 성 리타)
- ⊙ 윈저 성 (왕실 예배당), 잉글랜드
  두통 ("헨리 [6세] 선왕")

라도 신체적, 정신적 질환을 치유할 수 있으리라고 약속했다.

예를 들면, 치아 때문에 고생하는 신자들은 로마의 산 로렌초 성당으로 달려가면 된다는 것이었다. 거기 가면 치아의 수호성인인 성 아폴로니아의 팔뼈를 만질 수 있었기 때문이다. 불행한 기혼 여성은 움브리아로 갔는데, 결혼의 수호성인인 카시아의 성 리타의 성묘가 있었기 때문이다. 전쟁에 나가기 전에 용기를 얻어야 하는 병사들은 성 푸아의 뼈와 친교를 가졌는데, 그 유골은 프랑스 남서부의 콩크에 있는 수도원 교회의 도금 성해함(聖骸函)에 보관되어 있었다. 모유 수유에 어려움을 겪는 여성은 샤르트르에 있는 거룩한 모유의 성묘에서 위안을 받을 수 있었다. 번개를 심각하게 무서워하는 사람은 바트 뮌스터라이펠이라는 독일 도시를 추천받았는데, 그곳에서 성 도나투스의 유골에 손을 대기만 하면 불이나 폭발물에 대한 두려움이 누그러진다고 알려져 있었기 때문이다.

적절한 성묘에 도착한 순례자는 우선 가까운 상점으로 갔다. 그 상점에서는 문제가 되는 신체 일부분의 밀랍 모형을 판매했는데, 팔이며 귀며 가슴이며 음경은 물론이고 심지어 영혼(아기의 모습으로 만든)의 모형까지도 팔았다. 성묘 안으로 들어간 순례자는 아까 구입한 모형을 제단이나 무덤이나 상자 안에 넣고, 성인의 영을 향해서 기도를 드리며 도움을 구했다.

이어서 순례자는 기념품 노점으로 향했다. 4세기의 신학자인 예루살렘의 키릴로스는 순교자의 시신에 닿았던 손수건은 영원히 초자연적 위력을 지니게 된다고 선언했는데, 그때 이후로 각지의 노점에서는 리넨 천을 풍부하게 공급하기 시작했다. 그리고 이들은 작은 유리병에 성인의 무덤 주위의 길바닥에서 쓸어

담은 흙먼지를 팔았는데, 그것을 지니고 있으면 절망의 순간에 도움을 얻을 수 있다고 했다. 기베르 드 노장이라는 베네딕트 회 수사의 기록에 따르면, 한번은 어느 친구가 어쩌다가 두꺼비 한 마리를 삼키게 되어 숨이 막혀 죽을 뻔했는데, 파리 주교인 성 마르셀의 무덤에서 퍼온 흙을 찻숟갈로 하나 삼켜서 다행히 목숨을 건졌다고 했다. 그래도 가장 인기 있는 기념품은 순례 자가 방문한 유골의 주인인 성인의 얼굴이 섬세하게 새겨져 있 는 납 배지였다. 프랑스의 루이 11세는 자국의 중요한 성묘를 모두 방문했는데, 그의 모자에는 "테두리를 따라 성인들의 이 미지가 가득 달려 있었고, 왕은 좋은 소식이나 나쁜 소식이 있 을 때마다 거기에 입을 맞추었다"고 한다.

오늘날에는 번개에 대한 두려움을 없애려고 100킬로미터나 걷는 순례의 길을 떠나는 사람은 없을 것이다. 그럼에도 불구 하고 여행은 세속적인 성취의 관념들의 핵심에 자리잡고 있다. 여행은 우리에게 중요한 내적 변화를 일으키는 역할을 하고 있 다. 비록 우리는 여행을 가리켜 거룩한 것이라기보다는 가치 있 는 것이라고 말하겠지만, 이 세상에는 그 먼 거리며, 아름다움 이며, 문화적 풍부함 덕분에 우리의 상처 입은 마음을 달래주 는 능력을 지닌 장소가 있게 마련이다.

불행히도 우리는 이처럼 보기 드물고 치유 능력이 있는 장소 를 찾아낼 수 있는 믿을 만한 메커니즘이나 방법을 결여하고 있다. 여기서 또다시—세속 세계에서 우리의 정서적 필요와 관 련된 문제가 떠오를 때에 종종 그렇듯이—우리는 한때 종교가 우리에게 제공했던 구조물을 잃어버렸다. 여행사는 고객을 지원 하는 문제—갈아탈 비행기를 예약하고, 비행기 요금이며 호텔

기념품 산업을 뒷받침하는 영적인 진지함. 캔터베리 소재의 토마스 베케트 성묘에 있는 14세기의 배지.

요금을 할인받기 위해서 협상을 하는 등—에 대해서만 책임이 있다고 생각하며, 고객이 자신의 내적 자아를 위해서 계획하고 있는 목적지에 도달하도록 돕는 데에는 거의 아무런 노력도 하지 않는다. 우리는 정신분석학적으로 신뢰할 수 있는 여행사를 필요로 한다. 우리의 결점을 분석하고, 우리를 치유해줄 힘이 있는 세계의 일부분과 우리를 맺어줄 수 있는 여행사를 말이다. 그것은 우리가 높이 평가하는 자질, 그러나 집에 머물러 있는 상태에서는 풍부하게 할 수 없는 질적 접촉이 가능한 여행을 준비해줄 수 있는 여행사이다.

나아가서 우리는 성묘에 대한 지식의 부족으로 인해서도 고통을 받는다. 목적지에 도착하고도, 우리는 대부분 어떻게 해야 할지 모르는 상황이다. 우리는 어디가 중요한지를 몰라서 이리저리 찾아다닌다. 우리는 그럴듯한 의미의 도가니를 열망한다. 어딘가로 가고 싶어하고, '어디든지' 가서 성인의 정수를 만지게 되기를 열망한다. 그러나 대안이 없는 상황에서 우리는 종종 터덜터덜 박물관 한 군데를 구경하는 것으로 끝낸다. 그나마 우리는 얼른 호텔로 돌아가서 침대에 눕고 싶은 욕망이 간절하다는 사실에 내심 부끄러움을 느낀다.

일정 가운데 세속적인 지역 성묘나 신전—그 주위 환경의 특성을 규정하고 집약한 건축물—의 방문이 포함될 수 있다면, 우리의 여행은 치유 효과가 더 높아지지 않을까? 그 안으로 들어가면 우리는 각자의 불안과 미성숙의 밀랍 버전을 놓아둠으로써, 여행의 목적을 공식화하려고 할 수 있을 것이다. 밖으로 나오면 작은 기념품 판매점에서는 재능 있는 미술가들이 그 장소의 힘을 담아서 우리에게 영감을 제공하는 기념품을 판매할

심리 치료의 여행사는 정신질환을 앓는 환자들의 증상을 경감시켜줄 수 있는 가장 적합한 장소를 소개할 것이다.

것이다.

　이런 성묘 가운데 한 곳은 수도(首都)의 에너지를 위해서 봉헌되고, 또 한 곳은 텅 빈 툰드라의 정화하는 고요함을 위해서 봉헌되고, 또 한 곳은 열대의 태양을 약속받기 위해서 봉헌되어야할 것이다. 이런 교회들은 평소 같으면 이해하기 힘든 수호신에게 집을 제공하고, 여행이란 것을 단순히 오락이나 휴식의 원천이라기보다는 실존적 치유의 수단으로 간주하도록 우리를 깨우쳐줄 것이다.


4.
새로운 세대의 신전에서 다루어질 수 있는 테마를 여기에서 모두 열거할 필요까지는 없다. 이 세상에는 정말 다양한 필요가있는 만큼, 결국 이 세상에는 정말 다양한 신전이 들어설 여지가 있을 것이다.

　다만 여기에서의 핵심은 종교 건축의 배후에 있는 목적을 우리가 부활시키고 지속시켜야 한다는 것이다. 그 방법은 육신을지닌 신격에게 바친 성묘를 만들기보다는, 오히려 중요한 감정과 추상적 테마를 위해서 고안된 세속 신전을 만들어야 한다는 것이다.

　중세의 기독교 마을의 하늘에 높이 솟은 성당의 첨탑이 그랬던 것처럼, 이런 신전들은 우리의 희망을 일깨우는 기능을 담당할 것이다. 그 양식이며 규모며 형태는 제각각이더라도—비록오두막에서 창고에 이르는 다양한 형태, 재활용 타이어나 황금 타일 같은 다양한 재료, 사무용 건물의 측면이든 거리 지하의 조명이 잘 된 동굴 속이든 다양한 위치에도 불구하고―신전들은 성스러운 건축의 오랜 열망을 통해서 모두 서로 연결될 것이다. 그 열망에 의해서 우리는 우리의 영혼을 순화시키고 영혼의 균형을 잡기 위해서 고도의 구조를 가진 삼차원의 공간 속으로 들어가는 시간을 가지게 된다.

# X

제도

# i. 책과 제도

1.

18세기에 회의주의자들과 무신론자들이 종교를 공격하기 시작했을 때, 그들이 주로 사용한 매체는 책이었다. 인쇄물을 통해서 그들은 죽은 사람이 정말 묘비를 밀어내고 혼자 힘으로도 땅 위에 올라올 수 있는지, 젊은 여성이 순결한 상태에서 신격에 의해서 정말 잉태할 수 있는지, 천사가 도와줌으로써 우리가 전투에서 정말 이길 수 있는지, 우리가 순교한 성인(코르넬리우스)의 정강이뼈를 만짐으로써 정말 귓병이 나을 수 있는지에 대해서 의문을 제기했다. 그들은 언젠가는 인류가 미신을 이성에 근거한 생각, 즉 그들이 세속의 과학, 철학, 문학, 시 작품에서 발견하고 감탄했던 바로 그런 종류의 생각으로 대체할 수 있는 날이 오리라고 기대하면서 논증을 마무리했다.

이 회의주의자들은 종교에 대해서 신랄하고 흥미진진한 비판자였지만, 정작 자신들과 적들의 근본적인 차이를 직시하는 데에는 실패했다. 그들의 적들은 자신들의 영향력을 위해서 군이 '책'의 출간에 거의 의존하지 않았다는 점이 바로 그 차이였다. 그들의 적들은 대신 '제도'를 선택했다. 즉 막대한 인원을 동원하고 배치시킨 다음, 미술과 건축과 학교와 제복과 말씀과 의식과 기념비와 달력 등을 통해서 일사분란하게 활동했던 것이었다.

수백 부에서 최대로 수십만 부 정도 팔릴 책에다가 자신의 생각을 펼치는 것은 충분히 고귀한 야심처럼 보일 수 있다. 그러

294 무신론자를 위한 종교

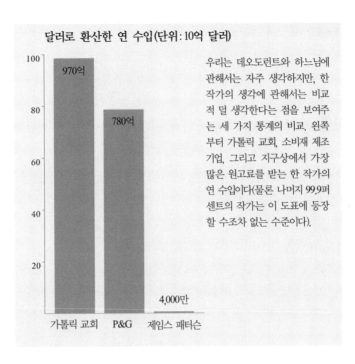

**달러로 환산한 연 수입(단위:10억 달러)**

우리는 데오도런트와 하느님에 관해서는 자주 생각하지만, 한 작가의 생각에 관해서는 비교적 덜 생각한다는 점을 보여주는 세 가지 통계의 비교. 왼쪽부터 가톨릭 교회, 소비재 제조 기업, 그리고 지구상에서 가장 많은 원고료를 받는 한 작가의 연 수입이다(물론 나머지 99.9퍼센트의 작가는 이 도표에 등장할 수조차 없는 수준이다).

나 제도가 태도와 행동의 발전과 영속을 통해서 발휘하는 광범위한 영향력에 비하면, 책이라는 매체 자체의 영향력의 범위는 한심할 정도로 좁을 수밖에 없었다. 「국가」에서 플라톤은 외로운 지식인의 한계에 대해서 자신의 경험으로부터 비롯된 감동적인 이해를 보여주었다. 즉 그는 철학자가 군주, 이른바 철인군주가 되기 전까지는 이 세계가 바로잡힐 수 없으리라고 주장했던 것이다. 달리 표현하면, 무엇인가를 변화시키고 싶은 사람이라면, 단지 책을 쓰는 것만으로는 충분하지 않다는 것이었다. 자신의 사상이 세상에서 광범위한 영향력을 행사할 기회를 가지고 싶은 사상가라면, 반드시 제도의 위력이 어떤 것인지를 터

득해야만 한다.

그러나 세속의 지식인은 불운하게도 제도에 대한 기질적인 의구심을 가지고 있기 때문에 오랫동안 고통을 받아왔다. 이런 의구심은 19세기 이후로 문화생활에 영향을 미친 낭만주의적 세계관에서 비롯된 것이다. 낭만주의 덕분에 우리는 제도의 비대함과 경직성을, 그리고 제도의 부패 성향과 변변치 않은 능력에 대한 묵인을 조롱하는 법을 배웠다. 지식인의 이상은 어떤 제도의 속박도 받지 않는 자유로운 영혼을 지닌 사람, 돈을 혐오하는 사람, 실생활과 동떨어진 사람, 그리고 대차대조표를 읽을 줄 모른다는 사실에 은근히 자부심을 가진 사람이다.

오늘날에도 우리 내면의 삶에서 세속 사상가들보다는 성서의 예언자들이 더 많은 영향력을 미치는 경향이 있다면 어째서일까? 그 이유 가운데 상당 부분은 세속 사상가들이 제도의 구조물—영혼에 관련된 자신들의 생각을 더 많은 청중에게 유포하는 데에 도움이 될 수 있는—을 줄곧 탐탁찮게 생각한다는 사실에서 비롯되었을 것이다. 세속의 영혼을 향해 뭔가 말하려는 사람들은 대체로 스케일이 작고, 안정적인 일자리가 없고, 자기 생각을 전달할 수 있는 능력이 없다. 그와 반대로 격정적인 전문가는 독자적으로 사실상 가내수공업을 경영할 수 있으며, 조직화된 종교는 제도 권력이 가질 수 있는 힘을 모두 이용하여 우리의 의식 속에 정교하게 침투한다.

물론 현대 세계에는 제도들이 부족한 것도 아니다. 종교에서 흔히 볼 수 있는 조직의 특성들을 풍부하게 가지고 있으면서, 크기로는 유례가 없는 기업들이 이 세상에는 가득하기 때문이다. 하지만 이런 기업들은 오직 우리의 외적이고 물리적인 필요에 대해서만, 즉 우리에게 자동차와 신발과 피자와 전화기를 파는 데에만 초점을 맞춘다. 반면 종교는, 가령 비누나 매쉬드 포테이토의 판매를 촉진할 수 있는 현대 기업에 비견할 만한 집단적인 힘을 가지고 있음에도 불구하고, 세속 세계가 무질서하고 나약한 개인들에게 남겨준 내적 필요에 초점을 맞춘다는 점에서 다르다.

따라서 관건은 기업들이 우리의 외적 자아를 만족시키기 위해서 현재 적용되는 힘과 기술 모두를 이용하여, 우리의 내적 자아의 필요를 충족시킬 수 있는 세속적 실체를 만드는 것이다. 그러기 위해서는 일단 종교 제도에 관해서 연구할 필요가 있다.


2.
제도로서의 종교가 주는 기본적인 교훈 중에서 가장 두드러지는 것은 규모의 중요성, 그리고 돈과 지능과 지위를 적절하게 모음으로써 얻을 수 있는 이해관계의 중요성이다.

낭만주의가 영웅 한 사람의 성취를 예찬했던 반면, 종교는 개인 혼자서 활동할 경우에는 불가능한 일이 얼마나 많은지를 잘 보여준다. 물론 조직에 속하지 않아도 우리는 간혹 혼자만의 힘으로 찰나의 명성을 얻을 수 있다. 하지만 우리의 업적을 안정적인 발판에 올려놓거나, 우리의 통찰을 지속적으로 복제하거나, 우리의 약점을 메우는 등의 일은 혼자 힘으로는 결코 불가능하다. 단독 저술은 중대한 이슈의 복잡성을 해결하기 위한 논리적인 장기적 답변이 될 수 없다. 우리는 영혼에 관한 문제에서는 유독 어느 집단의 은둔적이고 외로운 방법—의약품과 비행기의 제조가 이루어지면서 일찌감치 거부되었던—을 우리가 계속해서 믿는 이유가 무엇이냐고 물어보아야 한다.

그다음으로는 금전적 수입의 문제가 있다. 제도에 의해서 그 구성원은 단독 사업가가 겪어야 하는 굴욕과 공포로부터 벗어날 수 있다. 자본을 모으고 여러 프로젝트에 배분하고 오랜 세월에 걸쳐 축적하는 제도의 힘 덕분에, 그 구성원은 어려운 시기에도 충분히 살아남는 한편 연구와 마케팅과 고용과 기술 분야에 적절히 투자할 수 있다.

현대 민주주의가 언론의 자유와 의견의 다양성을 위해서 아무리 크게 공헌했다고 하더라도, 기존 사회의 가치 기준은 저녁 뉴스 시간에 30초짜리 광고를 방영할 수 있을 정도의 규모를 지닌 조직의 가치 기준과 섬뜩할 정도로 일치한다.

규모는 고용에도 이와 유사한 영향을 준다. 부유한 기관은 맹목적으로 헌신하거나 비합리적으로 열성적인 구성원 대신, 그 세대에서도 최고의 구성원을 모을 수 있다. 그것은 더 크고도 심리적으로 건강한 후보자들의 집단—존경을 받거나 물질적 안락을 누리는 것 못지않게 인류의 진보에도 큰 관심을 가진 사람들—에 호소력을 발휘할 수 있다.

토마스 아퀴나스와 프리드리히 니체의 경력을 살펴보자. 두 사람의 운명에서의 몇 가지 차이는 아마도 두 사람의 정신적 안정성에서의 차이와 관계가 있을 것이다. 그러나 아퀴나스의 평정심 가운데 상당 부분은 그가 머물던 곳들, 곧 그가 교수로 재직했던 파리 대학, 그리고 훗날 그가 설립을 도왔던 나폴리의 신학대학 등 정신적으로나 물질적으로나 관대했던 분위기에서 기인했다고 할 수 있을 것이다. 이에 비해서 니체는 자신이

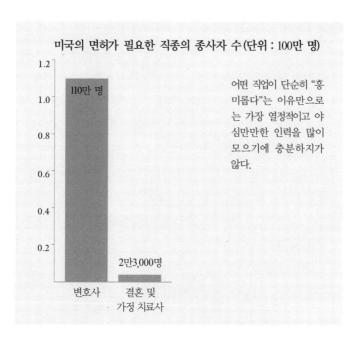

**미국의 면허가 필요한 직종의 종사자 수(단위 : 100만 명)**

110만 명

2만3,000명

변호사    결혼 및
가정 치료사

어떤 직업이 단순히 "흥미롭다"는 이유만으로는 가장 열정적이고 야심만만한 인력을 많이 모으기에 충분하지가 않다.

(그의 말 그대로) "보금자리마다 추적을 당해 쫓겨난 야생동물"처럼 살아간다고 생각했다. 그의 평생 목표—철학과 음악과 미술 등을 축으로 삼은 세속 이데올로기로 기독교 도덕을 대체하는 것—는 19세기의 독일 학계에서 환영받지 못했으며, 결국 이 철학자는 유목민처럼 이리저리 떠돌아야 했다. 일각에서는 니체를 영웅적 개인주의의 탁월한 사례로 종종 치켜세우기도 하지만, 사실 이 철학자는 자신의 고독을 포기하고 대학에 자리를 얻는 편을 차라리 더 바랐을 것이다. 그랬다면 그의 사상이 세계에서 더 큰 무게를 얻는 데에 도움이 되었을지도 모르니까.

제도는 단지 입회만으로도 개인에게 영구적인 지위—굳이 해마다 거듭해서 혼자 힘으로 얻어내야 할 필요가 없는—를 부여할 수 있다는 추가적인 이점이 있다. 어떤 조직에서도 자리를 얻지 못한 외로운 사상가라면 뒤늦게야—생애의 막바지에 도달했을 때쯤 또는 니체의 경우처럼 죽은 지 한참 뒤에야—비로소 훌륭한 사상가로 대중에게 주목을 받을 수 있다. 조직에 속해 있으면, 저명한 선배에 의해서 확립되고 우아한 건물이며 원활한 관료적 절차에 의해서 강화되는 명성에 개인도 자연스럽게 편승할 수 있다. 그들은 사제나 부주교, 교수나 목사와 같은 유서 깊은 호칭을 이용하는가 하면, 어떤 목적을 위해서라면 자기보다 더 크고 더 영속적인 구조 속에 쌓여 있는 자원과 영예를 이용할 수도 있다.

현대 사회에 필요한 조직은 이미 다 존재하지 않느냐고 단정적으로 반문할 사람도 아마 상당수가 있을 것이다. 그러나 가톨릭의 쿠라 아니마룸(cura animarum), 즉 "영혼 돌보기"라고 하는 일에 마음이 끌리기는 하지만, 이러한 돌보기를 종교적인 방식으로 실행할 수는 없는 사람들의 경우, 결국에는 여러 가지 한계—응집력이 강한 동료 조직망의 결여, 넉넉한 수입의 결여, 그리고 안정적이고 위신이 높은 직업 체계의 결여—로 인해서 위기를 맞을 가능성이 농후하다. 비록 니체가 오늘날 생존했더라도 그가 적당한 일자리를 얻기는 곤란했을 것이다. 이것이야말로, 이런 문제의 뿌리가 얼마나 깊이 박혀 있는지를 보여주는 척도가 될 것이다.

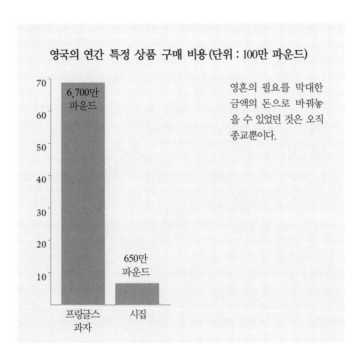

영국의 연간 특정 상품 구매 비용(단위 : 100만 파운드)

6,700만
파운드

650만
파운드

프링글스
과자

시집

영혼의 필요를 막대한
금액의 돈으로 바꿔놓
을 수 있었던 것은 오직
종교뿐이다.

3.

제도의 또 한 가지 유용한 특징은 공통된 시각적 어휘를 통해
서 그 구성원의 노력을 통합하는 능력이다. 여기에서 또다시 종
교와 상업적 기업의 전략은 서로 겹친다. 교회 건물의 측면에
그려진 십자가나 제단 덮개에 그려진 어린 양의 모습을 보면,
기독교가 우리의 현대 기업들이 전문으로 하는 것과 똑같은
"브랜딩" 기법을 차용하여 실천하고 있다는 생각이 든다. 하지
만 실제로는 오히려 그 반대가 정답이다. 즉 종교가 이미 개척
해놓은 정체성(正體性)에 관한 교훈을 오늘날의 기업들이 열심
히 따라 하고 있다는 것이다.

브랜드의 가장 중요한 기능은 일관성을 촉진하는 것이다. 기업은 그들의 로고를 알림으로써—가령 외딴 산중턱에 나타나거나, 마천루 꼭대기에 나타나거나, 침대 시트에 나타나거나, 옷자락에 나타나거나 간에—특정한 가치에 관한 대중의 신뢰를 확보하는 동시에, 통일성과 품질에 대한 약속을 확인시킨다.

　　브랜딩의 적은 공간적 다양성이다. 여기에서도 우리는 낭만주의의 가치와 제도의 가치 간의 긴장을 느낀다. 낭만주의는 특수한 것, 지방적인 것, 소박한 것, 자발적인 것의 매력을 강조하는 반면, 제도는 지방의 주도권에 내포된 위험을 결코 잊지 못한다. 중앙의 지배에도 상당한 진보성이 있다는 것을 직시하는 대신에, 제도는 최소한의 기준에서의 불운한 이탈에만 주목한다. 자칫 그로 인한 부패, 나태, 퇴보, 그리고 애초의 야심에 대한 포기가 나타날지 모른다고도 생각한다. 맥도날드에서는 신입 직원의 돌출 행동을 막기 위해서 무려 300쪽에 달하는 훈련 매뉴얼을 만들어 사용하는데, 거기에는 우리가 상상할 수 있는 온갖 종류의 행동과 업무에 대한 지시가 모두 들어 있다. 가령 직원의 명찰을 옷 어디에 달아야 하는지, 고객을 응대할 때의 미소는 어떠해야 하는지, 심지어 햄버거 빵의 위쪽 조각 아랫부분에는 얼마만큼 마요네즈를 발라야 하는지도. 햄버거 공장은 각 지점의 점원에게 각자가 알아서 행동하라고 지침을 내리지 않으면 일이 제대로 돌아가지 않을 것이라고 생각한다.

　　최소한 그런 점에서 맥도날드는 가톨릭 교회와 상당히 비슷한 데가 있다. 가톨릭 교회도 마찬가지로 그 역사의 상당 부분 동안 넓은 지역에 흩어져 있는 노동력이 예배의 표준 규정을 지키도록 하기 위해서 애써왔기 때문이다. 전반적으로 가톨릭 교

회의 교령—영성체 때에는 어떤 종류의 와인을 사용해야 하며, 사제의 신발 색깔은 어떠해야 하는지까지 구체적으로 명시한—에는 그 말단 지부의 예배 기준에 관한 우려가 드러난다. 1213년에 교황 인노켄티우스 3세가 소집한 제4차 라테라노 공의회 직후에 가톨릭 교회는 (그런 기본적인 규범조차도 종종 위반된다는 사실에 대한 신경질적인 반응을 뚜렷이 보이면서) 다음과 같은 포고령을 내렸다. "성직자는 어릿광대나 연예인이나 배우의 공연에 참석해서는 안 된다. 성직자는 반드시 필요한 경우 즉 여행할 때 이외에는 여관에 들어가서도 안 된다. 성직자는 주사위 놀이나 그와 유사한 확률 놀이를 해서도 안 되고, 그런 놀이를 하는 곳에 있어서도 안 된다." 아울러 자신의 헤어스타일에 대한 감각을 자랑하려는 사람이 있을지도 모른다는 생각에, 이렇게 덧붙이기까지 했다. "성직자는 항상 정수리를 삭발해야만 한다."

이런 포고가 상당히 고압적인 것은 사실이지만, 충실한 신자들이 교회에 기대하는—나아가서 우리 모두가 훗날 기업에 기대하게 된—의식과 행위에 대한 일관된 기준이 만들어지고 지켜지는 데에 이런 포고가 일조한 것도 사실이다.

우리의 필수품 가운데서도 가장 하찮은 것들(샴푸와 모이스처 로션, 파스타 소스와 선글라스 등)을 위해서는 최상급 브랜드가 대기하고 있는 반면, 우리의 본질적인 필요를 위해서는 외로운 개인의 비조직적이고 예측 불가능한 관심밖에 주어지지 않는다는 것이야말로, 현대 세계의 이상하고 유감스러운 특징이다. 브랜딩, 그리고 그것에 전형적으로 수반되는 품질 관리의 실제 효과를 보여주는 설득력 있는 사례를 찾는다면, 정신분

영혼에 관련된 필요를 해결해주는 제도의 이점. 크리스 바이퍼스 신부가 고백성사에 임하고 있다. 잉글랜드 펠텀, 세인트 로렌스 성당, 2010년.

석학이라는 이름의 파편화되고 고도로 변화무쌍한 분야와 가톨릭 신앙의 고백성사라는 이름의 우아하게 이루어지는 의식을 비교하면 된다. 여러 차례에 걸친 교황의 교령과 바티칸에서 간행한 교본을 통해서 14세기 후반에야 그 세부사항이 제대로 마련된 고백성사는 20세기 중반에 소비재의 규범이 된, 신뢰할 만한 전 세계적 서비스 산업의 전형이라고 할 수 있을 것이다. 고백실의 위치에서부터 사제의 어조에 이르기까지 모든 것이 명시적인 규범에 의해서 결정되며, 덕분에 멜버른에서 앵커리지에 이르는 세계 각지의 가톨릭 교도는 영혼을 속죄하기 위한 시험에 대한 기대가 충족되리라는 것을 확신하게 된다. 이와 가장 유사한 세속의 제도 중에서 그 무엇도 이와 같은 규정을 따르지 않는다. 오늘날의 심리치료만 해도 장소의 일관성이라든지, 얼핏 보기에는 작지만 실제로는 중요한 세부사항들, 치료사의 전화 자동응답기의 안내 문구, 치료사의 옷 취향, 상담실의 외관에 대해서 아무런 기준 같은 것도 없이 시행되고 있다. 결국 환자들은 예기치 못한 공간적 특수한 상황—치료사의 자녀나 애완동물에서부터 콸콸거리는 배관이나 골동품 가구에 이르기까지—을 견뎌야 한다.


4.

상당수의 기업에서는 일단 자사의 정체성을 성공적으로 규정하고 나면, 비즈니스 저술가들이 "브랜드 확장"이라고 지칭하는 일에 뛰어들게 된다. 즉 한 사업 분야에서 특유의 접근 방식으로 명성을 얻은 회사가 그 가치를 또다른 분야로 가져가는 과

심리치료사의 브랜드 체인점을 묘사한 사진. 왜 굳이 전화기나 샴푸만이 소매품으로서의 일관적인 정체성을 통한 이익을 얻어야 한단 말인가?

정을 말한다. 예를 들면 양복 제작으로 사업을 시작한 회사의 경우, 자사의 가치가 벨트와 선글라스의 디자인에도 효과적으로 적용될 수 있음을 깨닫게 되고, 거기에서 약간만 더 비약하면 가구 분야로의 진입까지도 상상할 수 있다. 또다시 식당, 아파트, 나중에는 휴양시설 전체로까지 진출할 수 있다. 이런 회사들의 현명한 인식에 따르면, 고객의 충성은 단일 품목을 향하기보다는 오히려 어떤 정신(ethos)을 지향하게 된다. 그리고 고객은 처음에는 넥타이를 돋보이게 만들던 아름다움과 우수함이 의자 다리나 앙트레나 일광욕실에서도 마찬가지로 나타날 수 있다고 믿는다.

그러나 타성, 또는 불필요한 겸손 때문에 아직은 현대 기업 중에서 가장 정력적인 기업들조차도 자신의 브랜드를 인간의 필수품 전반에 걸쳐 확장하지는 못하고 있다. 그 필수품 중에서도 현재 우리의 논의 목적과 연관된 것을 들면, 아마도 심리학자 매슬로의 유명한 필요의 피라미드(pyramid of needs)의 정점을 이야기할 수 있을 텐데, 현대 기업은 그 전문 역량을 여기에까지 적용하지는 못한다. 그 대신 기업은 피라미드의 하단을 따라 상점을 개장한다. 즉 우리가 잠자거나 먹거나 안전하게 존재하거나 움직이는 것을 도와주려고 고안된 서비스와 상품을 약간 향상시킬 수 있을 뿐이고, 자기실현이나 학습이나 사랑이나 내적 성장을 향한 우리의 열망은 그냥 내버려두고 있다. 엄밀함과 정확성에 대한 BMW의 관심이 자사의 자동차 범퍼에서 끝나버리고, 학교나 정당을 설립하는 데까지 나아가지 못하는 것은 무척 아쉬운 일이다. 조르조 아르마니의 회사가 심리치료 사업부나 인문교양대학의 설립을 결코 고려하지 않는 것

브랜드 확장. 조르조 아르마니와 에마르 부동산 개발회사의 대표 모함메드 알라 바르. 2010년 3월, 두바이의 아르마니 호텔 개장 행사에서.

도 마찬가지이다.

지적 운동 역시 이처럼 안타깝게도 브랜드 확장의 시도를 기피해왔다. 지적 운동은 자신의 사상이 물질 영역의 서비스와 상품을 보완해주는 유사품 서비스와 상품을 만들어낼 수 있다는 사실을 상상하지 못했다. 만약 그런 지적 서비스와 상품이 있다면, 그것에 상응하는 물질적 서비스와 상품의 존재 덕분에 우리에게 더욱 강렬한 인상을 주지 않을까?

종교를 그처럼 차별화한 요인은 매우 다양한 영역—엄밀하게 말하면 지적인 영역과 신학의 영역에서부터 심미적인 영역과 의상 및 요리의 영역에 이르기까지—에 걸쳐서 일관적인 브랜드 정체성을 주장했다는 점이다. 기독교, 유대교, 불교는 인류의 구원에 관한 위대한 사상을 오히려 저급한 물질적 행위, 즉 주말 휴가, 라디오 방송국, 식당, 박물관, 강연장, 의류업체 등의 운영 등과 연관시키는 데에 모두 성공을 거두었다.

우리는 신체를 지닌 생물이다. 즉, 이성적인 존재인 동시에 감각적인 동물이기 때문에 우리는 다양한 경로를 통해서 접근해오는 개념들에 의해서만 지속적인 영향을 받는다. 오직 종교들만이 적절하게 파악하고 있는 사실에 따르면, 어떤 사상이 우리에게 제대로 각인되기 위해서는 책과 강연과 신문을 통해서 전달되는 것만으로는 부족하다. 우리가 입고, 먹고, 노래하고, 집을 장식하고, 목욕할 때에 사용하는 것들에도 그 사상의 반향이 남아 있어야만 비로소 우리에게 각인될 수 있다는 것이다.

5.

기업과 종교의 활동은 상품화의 형태로 묘사될 수 있다. 상품화란 공급도 불안정하고, 의미도 불분명한 상품을 유명하고, 인지도가 높고, 재고가 충분하고, 홍보가 잘 되는 실체로 만드는 과정을 말한다.

우리는 이 과정을 충분히 잘 알고 있다. 물질적인 것을 거래하는 기업이 이런 과정을 수행하고 있기 때문이다. 기업들은 이전까지는 희귀했던 소비재 품목을 찾아서 전 세계를 누비기도 한다. 그 결과로 차와 파프리카, 키위와 파파야, 광천수와 호호바 기름 같은 이전에는 희귀했던 물건의 공급을 규칙적으로 하게 되었다. 종교들도 영적인 영역에서 이에 비견할 만한 능력을 보여주었다. 의식을 이용함으로써, 자칫 다른 상황하에서는 간과되거나 잊혀졌을 순간들과 감정들을 구제하려고 했다. 종교적인 버전의 상품화라고 할 수 있는 것 덕분에, 그런 순간들과 감정들은 간과되거나 잊혀지지 않고 오히려 품위 있는 명칭과 달력에서 고정된 날짜를 가지게 되었다.

9월의 밤하늘을 바라본 경험이 있는 사람이 많을 것이다. 행성들의 배열에 의해서 그 시기에는 보름달이 유난히 밝고 가깝게 보인다. 우리는 그 달의 웅장함을, 그리고 그 달이 우리의 일상적이고 지구중심적인 시야를 향해서 제기하는 도전을 짧게나마 생각해보았을 것이다. 하지만 천문학자도 우주비행사도 아닌 대부분의 사람들은 자신들의 달 관찰을 어떤 방식으로도 공식화할 가능성이 없으며, 단지 몇 분쯤 깊이 생각하다가 말 것이다.

그러나 일본 선불교도의 경우, 쓰키미(月見)라는 의식이 달 관

달을 감상하기 위해서 약속을 정한다. 쓰키미 축하 행사가 열리는 장소. 교토의 가쓰라 이궁.

찰을 전적으로 상품화했다. 일본에서는 매년 음력 8월 15일 밤이 되면 선불교도들이 특별히 원뿔형으로 만들어진 구조물 주위에 모여든다. 그들은 몇 시간 동안 기도문을 크게 낭송하는데, 달을 선불교의 무상(無常) 사상에 대한 명상의 도약판으로 삼는 것이 그 내용이다. 촛불을 켜고 쓰키미단고(月見團子)라는 흰 떡을 준비해서, 매우 친밀하면서도 고요한 분위기에서 낯선 사람들에게도 나누어준다. 축하 행사, 건축물, 친목, 음식을 통해서 어떤 느낌을 뒷받침하는 것이다. 그 느낌은 모든 일본 선불교도의 삶 속에 안정된 자리를 제공한다.

종교는 자칫하면 항상 작고 무작위적이고 사적인 순간으로만 남을 수 있는 일에 규모와 일관성과 사회적인 힘을 준다. 그리고 우리 내면의 차원─우리가 진정성을 접할 수 있는 기회를 방해하지 않을까 하는 걱정 때문에, 낭만주의에서는 규제하지 않은 상태로 내버려두려고 했던─에 내용을 제공한다. 종교는 단순히 몇 권의 시집이나 에세이집에 우리의 감정을 위탁하지는 않는다. 소란스러운 세상에서는 책도 제 역할을 하지 못한다는 것을 알기 때문이다. 봄이 되면 유대교는 워즈워스나 키츠조차도 행사한 적이 없었던 힘을 가지고 우리를 붙든다. 나무에 첫 꽃이 피면, 충실한 신자들은 랍비와 함께 교외로 나가서, 모두 비르카트 일라노트를 암송한다. 탈무드에 나오는 이 의식 기도문은 꽃이 피도록 만든 창조주를 기리는 내용이다.

복되신 우리 주 하느님, 우주의 왕이시니,
세상에서 돌보시지 않는 것이 하나도 없고,
가장 좋은 피조물과 나무로 세상을 채우시니,

현대 세계는 우리에게 사물을 자발적으로, 즉 우리 자신의 보조에 맞추어 느껴야
한다고 격려하지만, 종교는 우리의 일지에 날짜를 적어 넣었다는 점에서 더욱 현명
했다. 유대교의 비르카트 일라노트 행사.

모든 사람에게 기쁨을 주려 하심이다.

탈무드, 베라코트(33장 2절)

우리에게 제도가 필요한 까닭은, 우리가 진지한 관심을 가지고 있는 감정들을 마음속에 간직하고 보호하기 위해서이다. 일종의 보조 도구와 적극적인 기억 체계가 없는 상황에서는, 우리의 정신이 쉽게 산만해지고 너무 미숙한 까닭에 그런 감정을 위한 시간이 허용되지 않기 때문이다.

세속 세계, 특히 낭만주의적인 세계에서는 상품화가 상실에 불과하다고 생각했다. 다양성의 상실, 특성의 상실, 그리고 자발성의 상실이라고 생각했던 것이다. 그러나 최상의 경우에 이 과정은 존재의 연약하고 보기 드물지만 중요한 측면들을 더잘 확인할 수 있도록, 그리고 더 잘 공유할 수 있도록 도와준다. 종교적 믿음이나 초자연적인 것에 대한 믿음이 없는 사람들에게는 우정, 공동체, 감사, 초월 같은 개념들과의 규칙적이고 전례적인 만남이 여전히 필요할 것이다. 우리는 자기 힘으로 그런 개념들에 접근할 수 있으리라는 기대에만 의존할 수 없다. 그런 개념들이 필요함을 기억시켜주고, 그런 개념들을 매력적인 포장지에 싸서 제공하는, 그렇게 함으로써 우리 영혼의 가장 잘 잊어버리고, 가장 깨닫지 못하는 부분을 마음에 새길 수 있는 제도가 필요하다.

6.

플라톤은 「국가」에서 철학자가 군주, 즉 철인군주가 되어야 한다는 희망을 피력했는데, 그 수백 년 뒤에 이 희망은 부분적으로나마 실현되었다. 313년에 로마 제국의 콘스탄티누스 황제의 도움으로 예수가 급기야 국가의 후원을 받는 거대한 기독교회의 수장 자리에 오름으로써, 제도의 지원하에 자신의 믿음을 전파하는 데에 성공한 최초의 유사(類似) 철인군주가 되었던 것이다. 이와 유사한 권력과 사상의 연합은 모든 주요 종교에서 찾아볼 수 있으며, 우리는 각 종교의 이데올로기에 반드시 수긍하지 않고서도 그런 결합을 존중하고 배울 수 있다. 이제 우리가 직면한 문제는 지적 활동의 쇠퇴로 현재는 침체되어 있는 훌륭한 생각들이 그런 조직적인 도구—대부분 종교에 근거를 둔—와 동맹을 맺을 수 있도록 만들 수 있는 방법이 무엇이냐는 것이다. 이런 동맹만 이루어진다면, 훌륭한 사상들이 이 세상에서 제대로 영향력을 행사할 수 있는 기회를 얻게 될 것이다.

## ii. 오귀스트 콩트

1.

종교의 초자연적인 측면에 대한 반감과 종교의 일부 사상은
물론 실천에 대한 감탄을 화해시키려고 시도한 사람은 내가 처
음도 아니다. 또한 종교의 단순히 이론적인 결과뿐만 아니라
실제적인 결과에 관심을 둔 사람도 내가 처음은 아니다. 이 계
열의 여러 시도 중에서도 가장 결연했던 것은 공상가이자 괴짜
로 취급되기도 했으며, 비정상적인 상태를 보이기도 했던 19세
기 프랑스 사회학자 오귀스트 콩트의 시도였다.

콩트의 아이디어는 과학의 발견에 의해서 미래의 세계에서 똑
똑한 사람은 그 누구도 하느님을 믿지는 않으리라는, 특유의
투박한 관찰로부터 발전되었다. 따라서 신앙은 무학자, 광신
자, 어린이, 또는 불치병의 마지막 단계에 이른 사람만이 가지
게 되리라고 했다. 그리고 콩트는 그의 동시대인 대다수가 미처
깨닫지 못했던 한 가지 사실을 인식했다. 즉 세속 사회는 오직
부의 축적, 과학적 발견, 대중오락, 낭만적 사랑에만 전념할 것
이며—즉 윤리적 교육, 위안, 초월적 경이, 또는 결속의 원천을
완전히 결여한 사회가 될 것이며—결국에는 견디기 어려운 사
회적 병리 현상에 시달리게 되리라는 것이었다.

이에 대한 콩트의 해결책은 성스러운 전통에 맹목적으로 매
달리는 것도 아니었고, 그런 전통을 모두 적대시하며 내던져버
리는 것도 아니었다. 그런 전통에서 보다 타당하고 합리적인 측
면을 찾아내서 이용하는 것이었다. 그 성과로 만들어진 프로그

램, 즉 수십 년에 걸친 사고의 결과이며, 콩트의 지적 업적 중 최고라고 할 만한 것이 바로 새로운 종교였다. 이것은 무신론자를 위한 종교였으며, 콩트의 말 그대로 '인류의 종교'였다. 이 독창적 신조는 근대적 인간 특유의 정서적이고 지적 요구에 맞추어 재단된 것이었다. 즉 기독교 초기에 유대 지역에 살았던 사람들의 필요를 위한 신조도 아니었고, 그로부터 4세기 전에 인도 북부에 살았던 사람들의 필요를 위한 신조도 아니었다.

콩트는 이 새로운 종교를 두 권의 책 「보편 종교에 관한 요약 설명」과 「인간의 미래에 관한 이론」에서 설명했다. 그는 인류가 여전히 그 역사의 시작에 있으며, 따라서 과학 분야에서와 마찬가지로 종교 분야에서도 온갖 종류의 혁신—처음에는 무척 대담하고 무리해 보이더라도—이 가능하다고 보았다. 인류가 증기기관은 고사하고 바퀴조차도 고안하지 못했던 시절부터 전해 내려오는 믿음에 계속해서 충성을 바칠 필요가 없다는 것이다. 콩트의 지적처럼, 근대에 와서 완전히 새로운 종교를 시작하려는 뜻을 가진 사람이더라도, 우리의 선조가 우리에게 부여한 것과 같은 의식과 교훈처럼 진부하고 존재하기 어려운 종교를 제안할 엄두는 결코 낼 수 없을 것이다. 그의 주장에 따르면, 자기가 살아가는 시대 덕분에 과거의 불합리를 제거하고 새 버전의 종교를 창조하는 역사적인 기회를 얻게 되었다는 것이다. 우리가 그 새로운 종교를 받아들이는 까닭은 그것이 참으로 매력적이고 실용적이기 때문이지, 단순히 그것이 우리에게 두려움을 자아내기 때문은 아니다. 그리고 그것이야말로 더 나은 삶으로 가는 유일한 출입증이 되기 때문이다.

콩트는 여러 종교의 역사를 면밀히 연구했으며, 따라서 그의

기존 종교의 부족한 점을 불평하는 데에 그칠 것이 아니라, 때로는 새로운 종교를 만드는 것이 더 낫기도 하다. 오귀스트 콩트, 1798–1857년.

새 종교는 옛 종교에서 가져온 최상의 내용들로 대부분 이루어지게 되었다. 그는 특히 가톨릭에서 많은 것을 가져왔다. 그는 가톨릭의 믿음 가운데 상당수가 혐오스럽기는 하지만, 그래도 도덕과 미술과 제의에 관한 가치 있는 통찰이 상당하다고 보았다. 뿐만 아니라 그는 유대교, 불교, 이슬람교의 신학에서도 시험 삼아 몇 가지를 가져오기도 했다.

콩트는 무엇보다도 현대의 무신론자가 노출하고 있는 위험한 것들을 억제하기 위해서 애썼다. 그는 자본주의가 인간의 경쟁적, 개인주의적 충동을 심화시키는 한편, 사람들을 공동체, 전통, 자연과의 공감으로부터 멀어지게 만든다고 믿었다. 그는 발생 단계에 있는 매스미디어가 감수성을 악화시키고, 자기 반성과 은둔과 독창적인 사고의 기회를 봉쇄하고 있다고 비판했다. 같은 맥락에서 그는 낭만주의 숭배를 비난했으니, 전통적인 가족 관계에 너무나 큰 긴장을 주며, 사랑에 대해서 잘못되고 이기적인 이해를 조장한다는 이유 때문이었다. 그는 가령 사람들이 더 이상 예수를 성스러운 존재로 간주할 수 없다고 생각할 경우, 기독교에 의해서 널리 전파된 지혜까지도 즉시 모두 내버리는 독단적인 태도를 취하고 있다며 탄식했다. 처음에 콩트는 세속 학교와 대학이 새로운 영혼의 교육자가 될 수 있으리라고, 그리하여 학생들에게 단순한 정보가 아니라 윤리적 교훈을 전수해줄 수 있으리라고 기대했다. 하지만 그는 자본주의가 결국에 호기심이 많고 정서적으로 균형을 갖춘 노동력보다는 오히려 숙련되고, 순종적이고, 자기 반성이 없는 노동력을 선택하리라는 사실을 깨닫게 되었다.

새로운 종교에 대한 콩트의 계획은 우선 막대한 숫자의 새로운 사제직을 창설하는 것으로 시작되었다. 이 계획에 따르면, 프랑스에서만 10만 명의 사제가 필요했다. 비록 직위의 명칭은 똑같았지만, 이 사제들은 가톨릭 교회의 사제들과 전혀 달랐다. 그들은 결혼하고, 공동체 속에 잘 통합되고, 전적으로 세속적이며, 철학자와 저술가로서의 능력과 오늘날 우리가 심리요법사라고 부르는 직종의 능력을 모두 발휘할 수 있을 것이라고 기대되었다. 그들의 임무는 동료 시민의 행복 능력과 도덕 관념을 드높이는 것이었다. 그리고 직장과 애정 문제에서 시련을 겪는 사람들과 치료 목적의 대화를 나누고, 세속적 설교를 행하고, 전문용어를 배제한 쉬운 철학 논문을 저술하는 것이었다. 이 새로운 사제직은 남을 도우려는 강한 열망과 문화적, 미적 관심을 소유한 사람들, 그러나 대학에서 일거리를 찾지 못해서 좌절하고 신문에 글을 쓰거나 무관심한 대중에게 책을 팔아서 불안정하게 살아가는 종류의 사람들(콩트는 자신 역시 그중 하나라고 간주했다)에게 안정적인 일자리를 제공하는 것이었다.

콩트는 신앙의 요구를 강화하는 과정에서 건축이 담당한 역할을 제대로 이해했기 때문에, 세속 교회—또는 그의 말 그대로 인류를 위한 교회—의 네트워크를 만들자고 제안했다. 그 설립 비용은 은행가들이 지불해야 했는데, 왜냐하면 신흥 은행가 계급 중에는 매우 부유할 뿐만 아니라 지적이고, 사상에 관심이 많고, 선을 지향할 수 있는 힘까지 지닌 인물들이 다른 계급에 비해서 예외적으로 많다는 그의 추산 때문이었다. 이런 세속 교회의 건물 정면에는 감사의 뜻으로 그 은행가 겸 시혜자의 흉상을 세워놓고, 내부의 넓은 홀에는 이 새로운 종교의 세속 성인들의 초상화가 전시된 만신전을 만들 계획이었다. 그 세속 성인들은 키케로, 페리클레스, 셰익스피어, 괴테 등이었으며, 하나같이 우리에게 영감과 확신을 줄 수 있는 힘을 지닌 인물들로 그 설립자가 선정할 계획이었다. 서쪽을 향한 무대에는 커다란 금색 글자로 지적인 자기 계발에 관한 콩트의 믿음을 요약한 한마디 경구가 적혀 있을 것이었다. "너 자신을 앎으로써 너 자신을 향상시키라(Connais toi pour t'ameliorer)." 사제는 우리가 배우자에게 친절하게 대하고, 동료에게 너그럽게 대하고, 직장에서 성실하게 행동하고, 불운한 사람에게 동정심을 발휘하는 것이 중요하다는 것을 매일 설교할 것이었다. 교회는 콩트가 직접 창의력을 발휘하여 고안한 축제를 지속적으로 열 때 그 중심이 될 것이었다. 봄이면 아내와 어머니를 기념하는 축하 행사가 있고, 여름이면 철강 산업이 인류의 진보에 미친 중대한 기여를 기념하는 축제가 있을 것이고, 겨울이면 개와 돼지와 닭 같은 가축에게 감사하는 축제가 있을 것이었다.

콩트는 전통적인 신앙이 권위를 확고히 다지기 위해서 그 추종자에게 무엇을, 또는 누구를 생각해야 하는지를 일일이 정해놓은 매일, 또는 매 시간 단위의 일정표—주로 성인이나 초자연적 사건을 기념하는 날짜와 연관된 표—를 제공했다는 사실을 잘 알고 있었다. 따라서 인류의 종교에서는 달마다 특별한 노력 분야를 기념할 것이며—결혼과 육아에서부터 미술, 과학, 농업, 목공에 이르기까지—그 분야에서 현저히 기여한 개인을 기념하는 날을 지정할 것이었다. 가령 11월은 기예의 달이며, 그중에서도 12일은 산업용 면방적기를 발명한 아크라이트 경(1732–1792)의 날이 될 것이며, 22일은 무려 16년이나 허탕을 친 끝에 중국산 도기의 유약을 자체 개발하는 데 성공함으로써 인내의 모범이 된 베르나르 팔리시(1509–1590)의 날이 될 것이다.


2.

유감스럽게도 콩트의 이례적이고 복잡하고 가끔은 혼란스럽지만 항상 생각을 일깨워주는 이 프로젝트는 갖가지 현실적인 장애물 때문에 결국 실현되지 못했다. 그 저자는 무신론자와 신자 모두로부터 비난을 받았고, 일반 대중으로부터는 완전히 무시되고, 신문으로부터도 조롱을 당했다. 생애 말년에 그는 좌절하고 쇠약해진 끝에, 유럽 각국의 군주와 기업가를 향해서 길고도 약간은 위협적인 편지를 보내서 자기 종교를 선전했다. 그 편지를 받은 사람 중에는 루이 나폴레옹, 빅토리아 여왕, 덴마크의 왕세자, 오스트리아의 황제를 비롯해서 은행가 300명과 파리 하수도 사업부의 총책임자도 있었다. 하지만 이들 대부분은 경제적 지원은 고사하고 심지어 답장조차도 보내지 않았다. 콩트는 자기 생각이 실현되는 것을 결코 보지 못한 채 1857년 9월 5일에 59세의 나이로 사망했다. 그가 고안한 달력에 따르면 철학의 달, 프랑스 천문학자 니콜라 라카유의 업적을 기리는 날에 사망했다고 해야 할 것이다. 라카유는 18세기에 남반구의 하늘에서 1만 개 이상의 별을 발견한 인물이며, 오늘날 달의 이면에는 그의 이름이 붙여진 분화구[隕石孔]가 있다.


3.

콩트의 여러 가지 기벽에도 불구하고 그의 종교는 쉽게 무시할

콩트의 생전에는 인류의 종교를 위한 교회가 하나도 세워지지 않았지만, 그가 사망한 지 수십 년 뒤에 브라질의 열성 추종자 몇 사람(그중 한 명은 콩트의 예측대로 부유한 은행가였다)이 파리에 그런 기구를 실제로 설립하기로 작정하고 자금을 제공했다. 애초에 그들은 바스티유 광장에 큰 건물을 세우기로 했지만, 자금 부족으로 인해서 그 대신 마레 지구에 있는 한 건물의 아파트 1층을 빌리는 것으로 만족해야만 했다. 그들은 한 미술가(그의 자세한 신상에 관해서는 알려진 바가 없다)를 고용해서 그 설립자가 선정한 세속 성인들의 초상화를 그리게 했고, 거실을 개조한 곳에 있는 신형 제단 장식화에는 인류를 상징하는 여성이 미래를 상징하는 아이를 안고 있는 모습을 그렸다.

콘트가 선정한 세속 성인들. 구텐베르크, 셰익스피어, 데카르트, 생리학자 비샤의 모습이 보인다.

수가 없다. 그의 종교는 무신론적 사회에서도 계속해서 개간되지 않은 땅을 찾아내어 경작을 촉구했으며, 사상에 대한 제도적 지원을 만들어내는 데에 선구자적인 관심을 보여주었기 때문이다. 전통적인 종교의 야심에 공감하는 그의 능력, 그리고 전통적인 종교의 방법을 연구하여 근대 세계의 필요에 적용하는 그의 능력에는 상당한 창조성, 인내, 창의력이 반영되어 있다. 이런 능력은 이후의 종교 비판자들 중에서도 쉽게 찾아볼 수 없었다.

콩트가 범한 가장 큰 개념적 오류는 자신의 계획을 종교라고 일컬었다는 점이었다. 신앙을 포기한 사람들 가운데서는 이 감정적인 단어에 대해서 관대한 사람은 거의 없었으며, 성인이고 독립적인 정신을 지닌 무신론자 가운데서도 어떤 종교에 가담한다는 생각에 매력을 느끼는 사람은 거의 없었다. 콩트 본인도 이런 세부사항에 대해서 특별히 섬세하지는 못했다. 가령 그가 자신을 "대사제"라고 일컬은 것만 봐도 그렇다. 이 주장은 그의 청중 가운데 보다 균형 잡힌 견해를 가진 사람들조차도 즉시 그에게 등을 돌리는 이유가 되었을 것이다.

그럼에도 불구하고 콩트가 남긴 유산이라면, 세속 사회에도 그 나름의 제도가 필요하다는 그의 인식을 들 수 있다. 즉 종교의 자리를 대신하여 인류의 필요—정치, 가정, 문화, 직장 등이 이미 담당했던 범위를 넘어서는 것들—에 부응하는 제도가 있어야 한다는 것이었다. 그가 우리에게 제기하는 도전은, 아무리 좋은 생각이더라도 책 속에서만 존재하는 것이라면 널리 전파되기 어렵다는 그의 생각 속에서 찾아볼 수 있다. 그러기 위해서는 지금까지는 오직 종교만이 그 조직 방법을 알았던 것과 같은 종류의 제도로부터 지원을 받아야만 한다는 것이다.

# iii. 결론

1.

종교가 쇠퇴함으로써 충족되지 못한 필요 가운데 일부를 재검토하려고 할 때에 핵심적인 문제는 바로 새로움이다.

대개의 경우 우리는 기술에서 새로운 것을 잘 받아들이는 반면에, 사회적 관습의 경우에는 우리가 이미 알고 있는 것에 집착하고 깊이 몰두한다. 우리는 교육, 인간관계, 여가, 축하, 태도 등을 다루는 전통적인 방식에 의해서 확신을 얻는다. 우리는 오직 한 사람의 생각에만 근거하여 시작된 혁신에 대해서 특히 저항감을 가지게 된다. 어떤 생각이 사람들에게 받아들여질 가능성이 가장 커지려면, 그 생각이 단순히 어떤 개인이 제기한 혁신이라기보다는 오히려 상식이나 공통의 지혜의 산물처럼 보여야 할 필요가 있다. 가령 소프트웨어 분야에서의 대담한 혁신으로 간주되는 것조차도, 사회적 영역에서는 마치 개인숭배처럼 보이기 때문이다.

대부분의 종교에는 여러 세기 동안 우리 곁에 있었다는 것 자체가 이점이 된다. 이런 특징에 의해서 기존의 종교는 익숙한 것을 선호하는 우리의 성향에 강력히 호소하기 때문이다. 지금 우리가 자연스럽게 따르는 관습조차도 일찍이 새로 제시되었을 때에는 특이하다는 이유로 거부당했을 것이다. 수천 년의 세월은 한때 공상적이었던 생각을 존경 받는 생각으로 바꾸어놓는 마법을 부릴 수 있다. 성 안토니우스의 성전을 향한 종교적인 순례도 도시 외곽의 자동차 환상(環狀) 도로를 순례하는 것에 비하면 더 기이할 것도 없고, 더 비합리적이라고 할 것도 없다. 하지만 파도바의 성결은 14세기 중반 이래 줄곧 그 자리에 있었다는 사실 때문에 영국 정보 기관 M25보다 최소한 한 가지 더 큰 이점을 누리고 있다.


2.

이 책에서 검토한 개념들은 다행스럽게 어느 것도 새롭지는 않다. 그 개념들은 대부분의 인류 역사에서 존재해오다가, 불과 수백 년 전에 이성의 제단 위에서 서둘러 희생 제물로 바쳐졌으며, 교리를 혐오하는 세속 사상가들에 의해서 부당하게도 잊혀져버렸다.

이 책의 목적은 우리가 종교에서 부활시킬 수 있는 교훈들이 무엇인지를 살피는 것이었다. 공동체의 감각을 살리는 방법, 친절을 권장하는 방법, 광고의 상업적 가치에 대한 현재의 편견을 없애는 방법, 세속 성인을 선정하여 이용하는 방법, 대학의 전략과 문화 교육에 대한 우리의 접근 방식을 재고하는 방법, 호텔과 온천을 다시 설계하는 방법, 우리의 유치한 필요를 인지함으로써 생기는 이익에 대한 설명, 우리의 비생산적인 낙관주의 가운데 일부를 굴복시키는 방법, 숭고한 것과 초월적인 것을 통해서 자신의 관점을 확보하는 방법, 박물관을 재조직하는 방법, 건축을 이용해서 의미를 만드는 방법 등이 그런 교훈이었다. 그리고 마지막으로 영혼을 돌보는 데에 관심이 있는 개인들의 분산된 노력을 한 곳에 모아서, 제도의 보호 아래에서 체계화하는 방법이었다.

3.

앞에서도 설명했지만, 한 권의 책만으로는 성취할 수 있는 것이 그리 많지 않을 것이다. 그러나 책은 저자의 야심을 보여주고, 몇 가지 지적이고 실제적인 궤도를 스케치하는 자리가 될 수 있다. 이 책에서 제시하는 주장의 핵심은, 현대인이 겪는 여러 가지 문제는 기존 종교가 제시해온 해결책에 의해서 성공적인 대처가 가능하다는 것이다. 다만 그렇게 되기 위해서는 우선 그 해결책이 처음 고안되었을 때의 초자연적인 맥락으로부터 분리되어야만 한다. 신앙의 지혜는 온 인류의 것이며, 심지어 우리 가운데 가장 합리적인 사람의 것이기도 하다. 따라서 초자연적인 것의 가장 큰 적들이라도 이를 선별적으로나마 다시 흡수해야 할 것이다. 종교는 매우 유용하고, 효과적이고, 지적이기 때문에 신앙인들만의 전유물로 남겨두기에는 너무 귀중한 것이다.

# 감사의 말

이 책을 집필하고 구상하고 제작하는 과정에서 다음 분들로부터 큰 도움을 얻었다. 디어드러 잭슨, 도로시 스트레이트, 조애나 니마이어, 리처드 베이커, 세실리아 맥케이, 그레인 켈리, 리처드 할로웨이, 찰스 테일러, 마크 버논, 존 암스트롱, 제임스 우드, A. C. 그레일링, 로버트 라이트, 샘 해리스, 테리 이글턴, 니얼 퍼거슨, 존 그레이, 루시엔 로버츠, 레베카 라이트, 사이먼 프로서, 애너 켈리, 줄리엣 미첼, 댄 프랭크, 니콜 아라기, 캐럴라인 더너웨이, 필 창과 그의 팀, 토머스 그리놀, 조던 호지슨, 나이젤 코츠, 그리고 샬럿과 새뮤얼과 솔 드 보통이 그들이다.

# 그림 출처

Andrew Aitchison: 67; akg-images: 88, 128; akg-images/Stefan Drechsel: 269 (left); Alamy/Gari Wyn Williams: 104; Archconfraternity of San Giovanni Decollato, Rome: 234(left); Archivio Fotografico Messaggero S. Antonio Editrice/Giorgio Deganello: 139; Arktos: 267; Axiom/Timothy Allen: 24; Richard Baker: 110, 115, 160, 165, 167, 169, 172, 305; *Every Word Unmade*, 2007, by Fiona Banner, courtesy of the Artist and Frith Street Gallery, London: 229; from *Brigitte et Bernard* © Audrey Bardou: 232(below); from *The Roman Missal*, 1962 © Baronius Press, 2009: 41; Nathan Benn: 59; Jean-Christophe Benoist: 17; © Bibliotheque Nationale de France: 163; Big Pictures: 202; Bridgeman Art Library/Bibliotheque Nationale, Paris: 319; Bridgeman/British Library, London: 77; Bridgeman/ Chiesa del Gesu, Rome: 269(right); Bridgeman/ Church of the Gesuiti, Venice/Cameraphoto Arte Venezia: 10; Bridgeman/ Duomo, Siena: 46; Bridgeman/Fitzwilliam Museum, University of Cambridge: 154; Bridgeman/Galleria degli Uffizi, Florence: 183, 232(above); Bridgeman/ Galleria dell' Accademia Carrara, Bergamo: 189; Bridgeman/ Hermitage, St Petersburg: 256(below); Bridgeman/Neil Holmes: 281; Bridgeman/ © Isabella Stewart Gardner Museum, Boston: 251; Bridgeman/Musee des Beaux-Arts et d'Archeologie, Besancon/Giraudon: 237(above); Bridgeman/Musee du Louvre, Paris/Giraudon: 226, 249; Bridgeman/Museo di San Marco dell'Angelico, Florence/Giraudon: 253(above); Bridgeman/Musee d' Unterlinden, Colmar: 237; Bridgeman/National Museum of Bosnia and Herzegovina, Sarajevo/Photo © Zev Radovan: 50; Bridgeman/© Noortman Master Paintings, Amsterdam: 199; Bridgeman/Prado, Madrid: 247(above); Bridgeman/Private Collection: 130; Bridgeman/St Peter's, Vatican City: 244(above); Bridgeman/Scrovegni Chapel, Padua: 94; by kind permission of the Syndics of Cambridge University Library:

102; Camera Press, London/Butzmann/Laif: 38; © Nicky Colton-Milne: 52; from the *Garden Ruin* series © Francois Coquerel: 237(below); Corbis/Robert Mulder/Godong: 65; Corbis/Bob Sacha: 144; Jean-Pierre Dalbera: 324, 325; Fczarnowski: 185; Peter Aprahamian/Freud Museum, London: 106(below); Gabinetto Fotografico Nazionale, Rome: 234(right); from the *Remember Me* series © Preston Gannaway/Concord Monitor: 244(below); Getty Images: 253(below), 265, 303; Thomas Greenall & Jordan Hodgson: 49, 71, 97, 106(above), 135, 191, 207, 216–217, 241, 261, 279, 283, 290, 301, 307(below); Dan Hagerman: 312; from *The Sunday Missal* © HarperCollins, 1984: 147; istockphoto.com: 288(above); Rob Judges: 118; *New York*, c.1940, by Helen Levitt © Estate of Helen Levitt, courtesy Laurence Miller Gallery, New York: 247(below); Linkimage/Gerry Johansson: 22; *Red Slate Circle*, 1987 by Richard Long. Courtesy of the Artist and Haunch of Venison, London © Richard Long. All Rights Reserved. DACS, 2010: 258(below); © Mazur/catholicchurch. org.uk: 32, 36, 43, 240(below); Mary Evans Picture Library: 69; © Museum of London: 288; Naoya Fujii: 277; PA Photos/AP/Bernat Armangue: 56; PA Photos/Balkis Press/Abacapress: 309; Panos Pictures/Xavier Cevera: 122; John Pitts: 288(below); from *Contrasts*, 1841, by A.W.N. Pugin: 272; Reuters/Yannis Behrakis: 205; Reuters/STR: 314; Rex Features: 97(inset), 157; Lucienne Roberts & David Shaw: 81, 307(above); Scala/Art Institute of Chicago: 191(inset); Scala/ Pierpont Morgan Library, New York: 126, 140; Scala/White Images: 256(above); *Untitled–October 1998*, by Hannah Starkey, courtesy Maureen Paley, London: 30; Mathew Stinson: 187; National *Gallery I, London 1989* by Thomas Struth, courtesy of the artist and Marian Goodman Gallery, New York/Paris © Thomas Struth: 228; Westminster Cathedral, London: 240(above); Katrina Wiedner: 155, 285.

# 역자 후기

「무신론자를 위한 종교」는 알랭 드 보통의 2011년 최신작이다. 지금까지의 저서들과는 달리 상당히 도발적으로 느껴지는 제목이라서 당혹스러워할 독자도 있을지 모르겠다. 하지만 우리가 주위에서 늘 접하던 대상을 독특한 시각에서 바라보면서, 특유의 재치와 통찰을 동원하여 낱낱이 해부하는 솜씨는 여전하다. 책의 목표와 내용에 관해서는 저자가 서론과 결론에서 친절하게 잘 설명해두었으니, 역자 후기에서 굳이 언급할 필요는 없으리라고 본다.

어쩌면 이 책은 2007년에 출간된 리처드 도킨스의 「만들어진 신」에서 촉발된 종교 논쟁과도 연결지어 생각할 만한 책이 아닐까 싶다. 도킨스의 책에서 촉발된 논쟁을 이해하려면 "무신론자"라는 말이 무슨 뜻인지를 알아야 한다. 일신교 전통이 강력한 서양에서는 "무신론자"라는 말 자체가 지닌 부정적인 함의가 대단하다. 대단한 의심과 불신과 격분을 불러일으키는 말이 "무신론자"이다.

서양에서는 일신교가 개인 및 사회 윤리의 기반으로 간주되었기 때문에, 무신론자는 자연히 윤리의 근거를 부정하는 사람으로 간주되기 마련이었다. 따라서 무신론자에게는 (개인의 실제 삶과는 무관하게) 비윤리적인 인간이라는 꼬리표가 달리기도 한다. 종교색이 강한 일부 지역 사회에서 어떤 사람이 무신론자로 낙인찍힐 경우에는 자칫 신체적 위협까지 무릅써야 했다. 도킨스의 책이 서양에서는 단순히 종교적 차원이 아니라 사회적 차원에서 이슈가 된 것도, 이처럼 오래되고 민감한 문제를 건드렸기 때문이다.

"무신론자"에 대해서 이렇게 장황히 설명한 까닭은, 지금 여러분이 읽고 있는 알랭 드 보통의 신작 역시 "무신론자"를 일차적인 독자로 상정하기 때문이다. 무신론자를 바라보는 사회의 시선이 곱지 않은 만큼이나, 날카로운 논리로 종교를 무장해제시키며 희열을 느끼는 무신론자도 많다. 이 책은 그런 열혈 무신론자를 겨냥한다. '열혈'이나 '철저'라는 말이 붙으면 자연히 생기기 마련인 오류, 즉 목욕통의 물을 버린답시고 그 속의 아이까지 내버리는 오류에 반대하기 위해서이다.

알랭 드 보통 역시 무신론자이지만, 종교의 실용적 가치는 높이 인정한다. 이처럼 실용성에 의거한 종교 전통의 취사선택이란 사실 우리가 줄곧 해오던 일이다. 저자의 지적처럼 크리스마스는 기독교의 전유물이기 이전에 고대 종교의 기념일이었으며, 지금은 종교를 초월해서 모두가 즐거워하는 기념일이다. 우리 주위를 살펴보아도 여러 가지 관습이며 용어 가운데에는 특정 종교로부터 비롯된 요소가 적지 않다. 따라서 지금 저자의 실용적 종교론에 거부감을 느끼는 사람이 있다면 오히려 이상한 일이다.

물론 저자의 제안에는 뚜렷한 한계도 있다. 지극히 합리적이고 이성적인 차원에서의 제안이기 때문이다. 짐작컨대 이 정도의 제안을 선뜻 실천에 옮길 만한 독자라면, 이미 종교에 대한 편견이나 오해 따위는 가지고 있지 않을 법도 하다. 저자도 이 책을 통해서 수많은 독자들의 공감을 얻어 '이성의 종교'를 창시하리라고 낙관하지는 않았을 것이다. 다만 이 책에 나온 유쾌한 성인 필립 네리처럼, 저자 역시 모두들 열을 올리는 "종교 논쟁"에 대해서, 왜 그렇게 흥분하느냐면서 특유의 재치 있는 한마디를 툭 던진 셈은 아닐까.

박중서

# 인명 색인

이탤릭체 페이지 숫자는 일러스트레이션 캡션의 인명을 가리킨다.